日本企業は次に何を学ぶべきか

鷲田祐一［編著］
＋一橋大学商学部グローバルマーケティング研究室

同文舘出版

目次

第4章 学び4：グローバル人材活用術

日本企業は次に何を学ぶべきか?

序章

追われる立場での学びの難しさ

1　今後、世界のどこからイノベーションが創出されるか

これから先の10年で、世界をリードするようなイノベーションが日本国内で生まれる可能性、欧州で生まれる可能性、米国で生まれる可能性、そして新興国で生まれる可能性、という4つを比較するとしたら、あなたはそれぞれにどの程度の比率（合計が10）だと考えるだろうか。

人それぞれの意見があるとは思うが、我々の研究室では、様々な状況を鑑みると、だいたい1：1：5：3ぐらいではないかと考えている。つまり日本国内で生まれるイノベーションは、世界全体の1割もあればかなり良い方であり、残りの大半は日本以外の国から生まれるということだ。なぜそんなに悲観主義なのか？日本はもっと頑張れるはずだ、と疑問に思う読者もいるかもしれないが、様々な情報を総合すると、少なくともこの先10年でいえば、日本の実力はその程度と思っておくのが無難だろう。むしろ、さらにその先、20年、30年先に、どのように向上させるかを真剣に考えなければいけない状況と認識すべきである。同じことは実は欧州にもいえそうだ。米国以外の先進国は今後、どのようにしてイノベーションを興すのかを今まで以上に真剣に考えなければならない。また、政治力の弱まりとは裏腹に、米国のイノ

ベーション創出力は今後も突出して強いといえるので、日本や欧州は、少なくともビジネスの世界では、いかにして米国や米国企業と相互補完的な関係を強化するかがいっそう重要になっていくだろう。

一方、日本や欧州にかわって、米国に肩を並べるイノベーション創出源になると思われるのが新興国である。特に中国、インド、ASEAN諸国、あるいはロシアやブラジルは、この先10年の間、数多くの社会問題に直面すると思われるが、それらを解決するために、同じくらい数多くのイノベーションを創出せざるを得ない状況に置かれるだろう。むしろイノベーションが実現できないのであれば、これら新興国は世界的なイノベーションのレースから脱落し、いわゆる「中進国の罠」に陥ってしまうともいえる。中進国の罠とは、1人当たりGDPが急激に1・5万ドル前後に達した後、なぜかずっと2万ドル台に到達できないまま長く停滞してしまう現象のことを指す。国の経済規模や都市部の生活については先進国に近い水準に達するものの、激しい社会格差のために周辺部に未開地域が数多く残ってしまい、かつ国全体としての産業や教育の水準が低いまま、旧来的な社会制度が改革できない状況に陥ってしまうことが原因と考えられる。いったんそのような状況に陥ってしまうと、強硬な政治姿勢や閉鎖的なブロック経済化で他国の権益を奪おうとするか、あるいは大きな国内社会格差を前提にした非民主的な政策をとるか、などでしか成長発展が維持できなくなってしまう危険がある。2016年現在、韓国、マレーシア、メキシコ、アルゼンチンなどがその状態に陥っていると批判され、また中国やタイもこのままではそうなると危惧されている。

そうならないためには（あるいは中進国の罠から脱出するためには）、新興国は自国の社会の中でたくさんのイノベーションを創出するしかない。このような強迫観念は、新興国の政府や企業経営者にかなり強く存在している。そのような強い動機が、やがてはイノベーション創出に寄与していくのではないか、というのが本書のスタンスである。

2 過去世代の成功の思い出はもはや役に立たない

無論、そのようなイノベーションは、新興国独自では実現不能な場合も多いだろう。そこで、日本を含む世界中の先進国の企業や政府が、新興国を舞台にしてイノベーション創出を目指す、という形が最も現実的である。新興国にとっても、そのような形で先進国からの投資や技術供与が進むのは歓迎される。つまり、先進国は自分たちの経験を新興国で活かすことが重要ということだ。

その際、重要なのは、日本を含む先進国の企業は、新興国を「開発が遅れた国」と捉えるのではなく、「新しい課題を与えてくれる国」と捉えることであろう。ＩＣＴの普及や経済のグローバル化によって、新興国の発展の道筋は、これまでの先進国が歩んできたものとは大きく違う可能性がある。自分たちが歩んできた道を新興国の企業に押し付けるような姿勢では、新興国側からノーを突き付けられてしまう。見すると「これは30年前に日本で起こったことと同じだ」と思える問題だとしても、現在の新興国を取り巻く環境は、当時の日本のそれとは全く違うということを見落としてはいけない。むしろ、新しい技術環境や国際関係の中での問題解決課題であると捉え、国内で行われた過去の解決方法を上回るアウトプットを狙うことが望ましい。その意味では、日本人の過去世代の成功の思い出がそのままの形で新興国において役に立つと思うべきではないという言い方もできる。

もちろん、日本政府や日本企業が明治維新以降に経験してきた数多くの開発や改革が無駄なはずはない。むしろ世界の近代化の歴史の中でも、日本の経験は、辺境の遅れた国が先進国にまで上り詰めた稀有な経験として誇るべき部分は多い。しかしむしろ新興国の視点から見て役に立つのは、その歴史の中での失敗の経験も含めての経験であり、表面的な成功の思い出ではないということである。「成功の思い出」と、「経験」は、全く違うものである。

この点については、おそらく言葉で書けば「おっしゃる通り」と賛同しつつも、実際の問題に直面すると「そうはいってもねえ」と態度を翻す人が多数派だと思われる。つまり、総論賛成・各論反対の形をとりつつ、結局は「日本のやり方」なるものを新興国に押し付けようとすることが多いということだ。なぜそのようなことが起こるのだろうか。それはずばり、その方が日本人にとって楽で簡単だからである。しかし、果たして相手の視点、つまり新興国の政府や企業にとっても、それが本当に楽で簡単な方法なのであろうか。残念ながら、そうではない場合の方が多いようだ。

例えば、最近の典型的な事例でいえば、ASEAN諸国での鉄道システムや空港システム、あるいは発電所や携帯電話事業の競争入札案件などが当てはまるだろう。このような入札案件における日本企業の勝率は非常に低く、欧米や中国の後塵を拝することが多い。日本側の視点で見れば、戦後日本が体験してきたような課題ばかりなので、その成功の思い出をもつ世代に意見を仰いだり、その時代の文献を参照したりして、「日本のやり方」がどんなものであるべきか、をまず議論し始めるのがほとんどである。しかし、欧米企業グループの場合は、自国の事例を参照することは限定的で、むしろ他の新興国の直近の事例を参照して、いわば知識のヨコ展開を狙う場合が多い。一方、中国の場合は自国事例自体が最近である場合が多い上に、成功体験と呼べるほどの体験ももっていないので、むしろ相手国の事情に合わせようとする場合が多い。入札を受ける新興国側から見れば、欧米や中国からの提案の方が自分たちのことを真剣に考えてくれているように見えるのは当然である。日本勢がそのような偏った対応に至ってしまう理由について、「日本としてベストな方法を真剣に考えた結果だ」と強弁することが常であり、それはそれで局所的には真実である場合がほとんどなのであるが、しかしライバルたちが数多くの国々の事例を検討する中からその国に適する方法を提案しているのに対して、日本勢はほとんど日本の事例しか検討していないまま提案をしてしまっているというのは、残念ながら否定しがたい事実である。「その方が楽で簡単」という表現は、そのような明確な差のことを指している。

3 リバースイノベーションの真の意味を理解せよ

新興国を巻き込んでのイノベーションを考える際に、参考になるキーワードがある。それは、「リバースイノベーション」という概念である。ダートマス大学教授であるビジャイ・ゴビンダラジャンが中心になって提唱している概念で、新興国市場を土俵にしたイノベーション創出を指す言葉である。本書でも第5章で重点的にこの概念を取り上げている。従来の開発経済学の考え方では、世界を変えるような大きなイノベーションはまず先進国で発生し、やがて経済発展とともにそれが新興国や発展途上国に普及していくものと考えられてきた。しかしゴビンダラジャンは、最近の10年あまりにおいては、インドや中国などの新興国で最初に創出されたイノベーションが、その後、先進国へと逆流する現象があることを指摘し、むしろそのようなイノベーション創出の方が巨大グローバル企業の将来を語る上で重要だという議論をしている。この逆流現象が「リバースイノベーション」という命名の由来である。

ゴビンダラジャンのリバースイノベーション概念では、新興国独特の幅広い問題を取り扱い、一見するとイノベーション創出に不利な社会環境が、むしろ革新的なアイデアを生むきっかけになると説明されている。そしてそのようなアイデアから創出されたイノベーションが、当初の新興国だけではなく、先進国でも支持されるようになるという点が最も重要と説かれている。

一方、このようなリバースイノベーションの概念は、概念としてまだ未成熟な部分があるため、従来の様々なイノベーション概念と意味が重なっている部分がある。あるいは、逆流現象がほとんど期待できず専ら新興国市場開拓と思われるような事例であっても、新興国市場の人口ボーナス効果ゆえに、一種の流行のように扱われてしまった事例もある。このような曖昧さゆえに、内容を精査しないまま、いわば食わず嫌い的な態度を示す人も少なくない。しかし、これからの、世界の中の日本の位置付けを考えると、まさにこのリバースイノベーションを最大限に活用していくことが求められているといえる。食わず嫌いや早とちりを脱して、リバースイノベーションという概念の真の意味を理解することが重要である。

また、リバースイノベーションは、技術革新だけを指している概念ではないことにも注意が必要だ。日本人はイノベーションという言葉に対して、過剰に技術開発をイメージしてしまう傾向にあるが、日本以外の国では、技術の進歩とは関係のないイノベーションも多数存在している。新興国を舞台にして発生するイノベーションは、まさにそのようなタイプのものが多い。日本人の目から見れば、技術的には何も新しくないような事業であっても、そのビジネスの仕組みや社会の中での機能に革新的な新しさを秘めている場合もある。上から目線で新興国を眺めているだけでは、そのような革新性を見落としてしまう危険性がある。

日本は21世紀に入ってからずっと、中国や韓国に激しく追い上げられる立場に置かれてきた。追われる立場にある者が、他者から何かを学ぶのは、実は非常に難しいことである。追われる立場にある者は、いつの間にか「自分との戦い」という耳触りの良いキーワードでごまかして、他者に目を向けることを怠るからだ。しかし、日本はすでに、追われる立場というよりも、むしろ追い越されつつある立場というべき状況にある。再び周辺の様々な国や企業からたくさんの知恵やアイデアを吸収し、躊躇なく自らを改革してゆくような姿勢に戻るべきときである。そうでなければ、再び日本から多くのイノベーションが生まれるような未来は、永遠に戻ってこないだろう。

4 これからの日本を担う若者たちと協働で執筆

このような考え方を基にして、本書はこれからの日本を担ってゆく一橋大学商学部鷲田研究室の第一期生15名とともに執筆された。それぞれが約2年間にわたって研究してきた内容を、鷲田が構成・再編集・加筆することで1冊の本ができあがった。研究活動に不慣れな学生の執筆した内容が中心となっているため、いわゆる学術研究書の体裁とはなっていないが、できる限り資料を集め、研究室全員で客観的な分析を心掛けた。唐突なロジックや、やや乱暴な記述があるかもしれないが、若い素朴な視点で日本企業のグローバル・ビジネスを見つめ直すことで編み上げた近未来への前向きな提案書として読んでいただければ幸いである。

「日本企業は次に何を学ぶべきか？」というタイトルは、上記のような考え方に立って、日本企業は、国内の工場や実験室の中で行われる研究だけではなく、むしろ新興国などグローバルなビジネスの現場から多くを学びながらイノベーションを興していくべきステージに来ているというメッセージを込めたタイトルである。元々は全く違うタイトル案を検討していたのであるが、新興国やインバウンド訪日旅行者などに関する幅広い事例を学生たちの柔軟な視点で検証してみた結果、全体を通じて、内向きになりがちな日本企業に、外部から喝を入れるべし、というようなおぼろげなイメージが浮かび上がってきた。そのため、全体が完成した後に、急遽このタイトルに変更したという経緯がある。

次章以降では、それぞれの章をマーケティング・テーマ別の「学び」という形でまとめた。まず第1章では、世界の様々なユーザー側の視点に立って事業を再検証する「ユーザーエクスペリエンス（UX）」というテーマを取り上げ、観光産業や流通業について事例検証した。第2章では、新興国消費者のニーズにどのようにしてローカルフィットするか、というテーマをコンシューマーインサイトという視点でまとめ、新興国に進出している日本の製造業の商品開発や現地での広告キャンペーンについて事例検証した。第3章ではJapanブランドというキーワードに着目し、食品輸出や外食産業の進出、そしてファッション産業の進出など、いわゆるクール・ジャパン戦略として取り上げられる事例の検証を試みた。第4章では一転して人材活用の問題に着目し、日本企業が国内でどのようにして外国籍の人材を雇用し活用できるのかについて論じた。最後に第5章では、前述した「リバースイノベーション」というテーマに取り組み、医療産業、農業、空港マネジメント産業、食品産業などの事例検証を試みた。一見すると互いに関係性が薄いように見える別々の産業ジャンルが、着目点によっては多くの隠れた類似性があること、そして特に海外事業や海外顧客の視点で見つめなおすことによって、これまでの壁を突破しようとする各企業の取り組みの「本質」が浮き彫りになるのではないかと考えている。そして、それらを俯瞰することで、個々の事例のその先に、日本が失ってしまった「何か」を見出し、近未来のイノベーションを生み出すためのヒントにしてもらえれば幸甚である。

なお、各章の執筆を担当したのは以下である。

序　章：鷲田祐一
第1章：塩谷沙紀、服部裕里恵、福田幹、村上湧大
第2章：井上貴裕、方山大地、田原潤子

第３章：居村尚樹、黄利佳、中丸諒
第４章：清水恒季、鷲田祐一
第５章：田浦寛子、松下大輝、森川学、渡邊勲（いずれも五十音順）

また、全体編集および参考資料などの調整、書名の検討などを担当したのは、方山大地、居村尚樹、田原潤子である。なお、執筆内容について不備や誤りなどがあれば、すべて鷲田の責任である。本書の発刊に当たっては、同文舘出版（株）の青柳裕之氏、吉川美紗紀氏の多大なる御厚意を賜った。この場をお借りして感謝の意をお伝えしたい。

我々の研究室は、グローバル・マーケティングの研究成果を今後も引き続き発表していきたいと考えている。ささやかな研究室ではあるが、日本企業が力強さを取り戻すための一助になれればこの上ない喜びである。

第1章

学び1：UX起点のビジネスモデルの構築

1 UXから考える消費者と企業の姿

第1章ではまず、UXと消費者や企業の関係性を見ていく。UXとは、ユーザーエクスペリエンスのことであり、和訳すると「消費者の経験」という意味である。我々は、「人が何らかの商品やサービスを消費する、一連の行動において生じる全ての経験」がUXであると考えた。例えばある大学生の生活を取り上げてみる。彼が日常生活で、昼食を買いにコンビニエンスストアに行くのも、カフェでコーヒーを片手に時間つぶしをするのも、筆記用具を買うためにネットショッピングをし、そのついでに検索サイトや動画サイトを使ってネットサーフィンをするのも、これら全ての行動が「消費にまつわる一連の行動」である。ここで最終消費者たる彼は価値を享受し、ある種の「経験」をしているといえる。つまり、彼が例えば旅行に行こうと考え、フライトやホテルを旅行サイトから予約し、飛行機に乗りホテルに泊まり、土産を買ってショーを見るなど、そういった場面各々でも同じようにUXが発生しているのだ。

こうしたUXは企業が提供する商品やサービスのあり方を大きく左右する要素の1つである。それゆえ、企業はUXを単なる「一消費者の経験」として捉えるのではなく、UXの形成の歴史上の背景なども深く理解し、その上で事業活動を展開していく必要がある。そこで、本章では「地域によって生じるＵＸの違い」に着目し、ＵＸの違いが企業の事業活動にどのように影響するのかを考察していく。より具体的には、地域によって生じるＵＸの違いについて、どのような差異が生まれているのか、そしてそれはどのようにして生まれたのかをホテル、ＥＣ（オンライン通販）、コンビニエンスストア、エアラインという４つの業界のケースを通じて探求・検証し、ＵＸを起点とした市場理解のためのフレームワークを提示する。

2 ホテル―宿泊文化の成立背景と国民性がホテルへの志向に及ぼす影響―

本節では、初めにＵＸが最も強力に影響するケースとして、ホテルにおけるＵＸについて取り上げる。我々は、ホテルの消費行動にはユーザーとホテルの様々な背景が深く関わっており、それに伴ってホテルのあり方が異なってくるのではないかと考えた。昨今、日本の「おもてなし」などのキーワードが注目され、ホテル業においてＵＸを考える必要性が高まっている。特に２０１５年からはいわゆるインバウンド消費が急激に活性化してきており、ホテル業は産業としての重要度が大幅に増している。本節では、日本とアメリカの2ヵ国を取り上げ、ユーザーの消費行動の違い、ホテルが提供する消費行動の違いについて論じた上で、それに影響を及ぼしている背景を探っていく。

日本人と外国人がホテルに求める消費行動

そもそも、日本人と外国人では、ホテルに求める消費行動はどのように異なっているのだろうか。双方がホテルの何に価値を見出しているのかを発見するために、我々は日本人5名、外国人5名（米国人、インド人、オランダ人、シンガポール人、スウェーデン人）のユーザーに対する質的調査を行った。

その結果、日本人と外国人で、はっきりと違う傾向が2点見られた。第1に、満足・不満足を感じる点について、外国人は物質的なものに価値をおく傾向があり、日本人は精神的なものに価値をおく傾向があった。例えば、外国人の多くが日本のホテルのアメニティや清潔な部屋といったハード面に対する満足感を感じているのに対して、日本人は接客やおもてなしなど、ソフト面に対する満足感を感じる人が多かった。日本人の調査結果によれば、例えば、「一度予約すると、2度目以降の予約の電話をしたときに名前を呼んで出てくれるのは印象が良い」（27歳日本人女性）、「外で食事をした後いつも部屋でワインを飲むのだけど、よく利用するホテルではそれを知っていて、すでに部屋にワイングラスが用意されている」（38歳日本人男性）などの意見があった。それに対して、不満に思う点についても、外国人はビジネスセンターの質や会議専用のカフェの不足、プールやスパ施設などが別料金であるという、物質面の不満を挙げていた。

第2に、日本人と外国人では、ホテルのランクに対するサービスの認識が異なるという点が挙げられる。ラグジュアリー、ミッドプライス、エコノミーの3つのクラスそれぞれに期待するものについて尋ねた質問に対して、外国人はその3つの差が明確で、最上のクラスには充実した設備や細かいサービスを期待する一方、最も下位のクラスのホテルには「特になし」と記入する回答もあった。それに対して、日本人の回答で特徴的なのは、3つ全てに対して、居心地の良さやサービスの良さを求める回答が見られたことである。このことから、外国人は価格に見合ったサービスをはっきりと認識している一方で、日本人は外国人よりもその意識が薄いことが分かる。さらに、求めるサービスの最低限のハードルは、外国人より日本人の方が高いということも推察できるだろう。

日本と外国のホテルが提供する消費行動

それでは、日本のホテルと外国のホテルが提供する消費行動は何が異なるのだろうか。ホテルのサービスに関する書籍やインターネットの口コミサイト、実際に日本のホテルと海外のホテルに宿泊経験がある人へのインタビューなどを通じて、それぞれの特徴が明らかになってきた。

まず、日本のホテルのアメニティの充実度である。前節でもアンケートの回答に挙げられていたが、特にエコノミー・バジェットクラスのホテルでのアメニティの充実度は世界でも類を見ないという。それが世界のホテルに実際に与える影響も大きく、世界中にチェーン展開するインターナショナルホテルのアメニティは、日本人客の要望から生まれたものもある。例えば、その1つに歯ブラシがある。歯ブラシは海外の多くのホテルには置かれていないものの、日本人客からのリクエストが積み重なった結果、アメニティとして歯ブラシを採用するホテルも出てきたという。さらに、スリッパやジュエリー・トレイも日本人客の要望から生まれたアメニティであり、今ではペニンシュラ・ハイアット・フォーシーズンズなどのインターナショナルホテルでは、客室内の金庫に貴重品を入れるトレイを備え付けている。これは西洋のホテルには例を見なかったサービスであるという（トンプソン　2007）。

日本とアメリカのホテルの人材配置が異なるゆえに起こる、消費行動の違いも挙げられる。アメリカのホテルでは、利益を上げるために効率を重視しており、完全な役割分担制を敷いているため、最低限の人数で大勢の接客をする。それゆえ、スタッフは基本的に自分の役割以外の仕事をせず、忙しいときには人手不足に陥ることもある。例えば、「ハウスキーパーに電球の交換を依頼したのに交換されてない」という苦情が挙がったとしても、彼らの仕事は部屋の掃除であり、原則としてホテル側はハウスキーパーを咎めることはできない。それに対して、日本の接客における「お客様は神様」という精神では、ホテル側の人員の節約を理由にお客様の要望に応えないということは決して起こらない。そのため、日本人客にとっては、アメリカのホテルの効率主義のサービスは、非常に質の悪いものとして映ることがあるだろう。

ただし、アメリカのホテルにおいては、部門内の階級は少なく、従業員個人の裁量が比較的大きいため、従業員は上司の指示を待たずして、自分で行動を起こすことが可能になっている。これは、人員も多い上に階級が多く、丁寧だがマニュアル通りの接客になりやすい日本のホテルとは少し異なる様相を呈している。

このように、日本のホテルとアメリカのホテルの従業員サービスの違いは、従業員たちのホスピタリティ精神の有無というよりも、むしろホテル側の人材配置の事情による部分が大きいと考えられる。

日米におけるホテルでの消費行動形成の背景とは

ここからは、日米のホテルで消費行動に違いが生じた背景を、歴史と文化の2つの観点から考察する。歴史については日本における宿泊施設、文化についてはアメリカのチップの文化を取り上げて考察を行う。まず、日本における宿泊施設の歴史を振り返る。

①日本の宿泊施設の歴史

今でこそ「日本文化を感じられる特別な場所」として、日本人にも外国人にも一種の観光地のように認知されている旅館だが、ホテルが入ってくるまで日本の宿泊施設の主体は旅館であった。旅館という屋号が一般的になったのは明治時代の後半からだとされており、前身となる存在は旅籠屋（はたごや）という名前で知られていた。

日本の旅館という施設の起源は平安時代に遡り、貴族や官人が参詣のために宿泊するものとして作られた施設であったといわれている。その後、江戸時代に入り、人々の移動がその前の戦国時代と比べて活発になると、より大衆向けの宿である旅籠屋と、温泉を利用して病気療養や保養＝湯治のために滞在する施設である湯治宿、そして大名が参勤交代の際に使う本陣と呼ばれる施設が造られた。明治になってからもしばらくは旅籠屋というそれまでの屋号が一般的であったものの、明治後半にかけて徐々に「旅館」の名称が普及し、大正時代に入って全国に急速に広がったとされている。

旅館という名称が普及すると同時に、日本ではホテル文化も芽生え始めた。日本における最初のホテルは、1868年8月に外国人接待用の宿泊施設として作られたホテル館である。その後、1872年にホテル館が消失した後は、財界有力者と宮内省の共同出資により、1890年に建設された帝国ホテルが外来賓客を接待する日本の代表的なホテルとしての地位を確立した。このように、外国からの賓客の接待場としての性格をもって生まれたホテルは、その後も長い間、外国人を主要な顧客として捉えていた。

その理由は明治時代の日本の対外貿易不振にある。1890年代後半以降、外貨獲得手段として国際観光が寄与する経済的側面が注目され、それに伴って外国人観光旅行客の積極的誘致が進められた。その後、大正・昭和時代にかけても、国際観光促進が進められ、1929年には外客誘致の建議案が第56回帝国議会で可決された。政府はこれを受けて1930年に、国際観光局および国際観光委員会を設置し、外国人観光旅行客受け入れのため、国内主要観光地に「国際観光ホテル」を設置した。しかし、これらのホテルの宿泊需要は、汽船の入港間隔に伴い繁閑差が非常に大きかったとされている。そうした中、市民生活の洋風化の風潮も相まって、ホテル側は徐々に日本人客に焦点を当てた事業にも取り組むようになった。例えば、各種の宴会や集会、婚礼や披露宴利用ができるようなサービスの開発などは、日本人客、特に地域社会の住民に目を向けた事業であった。そのため、一時期日本のホテルはいくつもの豪奢な宴会場や料飲施設を兼ね備えた大型ホテルが主流となり、宴会分野がホテルの売上の主力部門となっていた（木村2006）。

②アメリカのホテルのチップ文化

海外のホテルにあり、日本のホテルにないものの1つがチップという制度である。日本ではサービス料として代金に含まれているチップだが、欧州や、特にアメリカではチップは給与とみなされ、チップを受けとれる職種の固定給はあらかじめ低く設定されている。

チップ文化の特徴として、欧州ではチップの相場がはっきりと決まっていないのに対し、アメリカでは相場がほぼ決まっている点がある。例えば、アメリカのホテルでは、ベルマンには荷物1つにつき2ドル、ドアマンには1人につき1ドル50セントというおおよその相場が存在している。日本人旅行客は自国にチップの文化がないため、相場を知らずに、ホテルの従業員から嫌がられることもあるという。また、チップが存在する国のホテルのスタッフの中には、気の利いたサービスをどんどん行って、収入機会を得ようとする者もいるという（桐山　２０１４）。

歴史・文化の違いと関連するホテルの消費行動

それでは、こうした歴史・文化面の背景はホテルの消費行動にどのような影響を及ぼしているのだろうか。それは、大きく分けて3つの事項が存在していると考えられる。第1に、日本の旅館やホテルの起源が「目上の人をもてなすものであった」ことが、ホテル側の充実したおもてなしに影響したと考えられる。旅館はもともと貴族のために作られ、ホテルも外国からの賓客をもてなすために作られた。また、日本では旅籠屋時代においても、男性優位社会であったため、給仕や客のお世話をするのは女性の役割であり、たとえ客が庶民であったとしても、従業員にとっては「目上の存在」であったと考えられる。こうした「目上の人をもてなす」という昔からの理念が、アメニティの充実や、日本人がソフト面での満足感をホテル側に求めるということに影響を及ぼしていると考えられる。

第2に、チップ文化の有無が、客が求めるサービスの内容に大きく影響していると考えられる。前述のように、外国ではサービスの対価としてチップを払うのは当然である。よって、外国人は自分が支払った額に応じたサービスを求めることに、日本人よりも非常にシビアである。このことは、外国人はハード面での満足感に価値をおくということ、ホテルのクラスによって求めるものが大きく異なるということに影響を及ぼしていると考えられる。アメリカなどでは、自分が接したウェイターやドアマンなどのサービスに直接お金を支払うため、サービスを「買って得ている」という感覚がある。それに対し、日本ではサービス料として料金の10％程度があらかじめ含まれているため、誰に支払ったのか分からないソフト面よりも、支払った金額に応じた設備や部屋の広さなどに重きをおくのではないかと考えられる。そして、自分が支払った金額に対する認識が厳しいゆえに、ホテルのクラス、つまり宿泊料金に応じて求めるものが、日本人よりもはっきりと分かれているのではないかと考える。だからこそ、外国人は日本の中級クラスのホテルに宿泊した際、その宿泊料金から「期待される以上の」アメニティの充実度に驚くのだろう。

第3に、チップ制度とホテルの人員配置の双方が、アメリカのホテルのサービスの簡素さに繋がっていると考えられる。実は、チップの制度自体は、アメリカのホテルにとって非常に都合の良い制度である。前述したように、アメリカではチップは給与の一部とみなされ、客と多く関わるスタッフの固定給は、裏方のスタッフよりも安く設定されている。そのため、ホテルの経営層は人件費を削減することが可能になる。ゲストからチップが回収された後、スタッフの頭数で割って再分配される。例えばホテル内で朝食をとった際、客が食後にテーブルに残したチップは、そのテーブル担当のウェイターやその補助をするバスボーイなど、その客に関わったスタッフで分けることになる。したがって、スタッフはチップの取り分が減ることを嫌がるので、従業員の増員を望まなくなる。こうした事情が存在しているため、経営層側・従業員側の双方はたとえ人手が足りなくても増員を望まなくなり、それがアメリカのホテルの簡素なサービスに繋がっていると考えられる。このように、最低限の従業員でサービスを提供したいアメリカのホテルにおいては、チップ制度は少人数のスタッフで運営でき、さらにスタッフのモチベーションを上げることができる、非常に効率の良い制度なのである。

3 EC―2つのビジネスモデルが生み出す異なるユーザー価値―

次に、EC（オンライン通販）市場において、利用者はECを用いて商品を購入、あるいは販売する際にどのようなUX（消費者としての経験）を求めており、企業はそれにどのように対応しているのかを見ていくことでECにおけるUXの価値について考察する。この市場では、2つの全く異なるビジネスモデルが1つの市場の中でシェアを競っており、両者がユーザーに対して提供している価値が異なっている。そのため、一口にEC市場におけるUXといっても、細かな各サイトのインターフェイスの違いから一般小売市場と比較した際のECの優位性まで、あらゆる切り口で見ることができる。ここでは「EC市場におけるビジネスモデルの違いが生み出すUXの違い」という側面から市場を見ていく。

日本のEC2大企業

日本のEC市場を見るとその規模は世界第3位に位置している。総務省の「通信利用動向調査　統計表一覧（世帯編）」によるとECを利用する人の割合は2011年に50％を超え、市場規模は毎年1～2割の成長率を維持し続けている。その内訳を見ると、2012年度実績で売上額7000億円を記録し、ネット通販ランキング2位の千趣会（同期売上：830億円）に大差をつけたAmazon、そして流通総額においてそのAmazonをも凌駕する楽天という「EC2強時代」となっている。日本のEC市場をけん引するこの2つの企業こそが、EC市場を代表する2つの企業であるといえる。ここで、それぞれのビジネスモデルについて見ていく。

1つ目はAmazonを代表とする「小売型モデル」である。サイトを運営する企業は一般のスーパーマーケットなど小売店と同様に商品をメーカーや卸から仕入れ、会社内で保有し、消費者のオンライン上での購入を受けて発送するというモデルである。売上から仕入れ値や販売管理費を除いたものが主な収益となるため、企業規模は売上を基準に測られることが多い。競争力の大きな源泉として、一般的な実店舗販売と比較して商品展示コストがほとんどかからないため、ニッチな商品も販売することで売上を拡大できるロングテール戦略がとれる。さらに、1つの企業で仕入れや販売を行うため規模の経済が働きやすく、企業規模が大きくなるほど、価格やサービスの面において、消費者や取引業者に対しても優位に立ちやすくなる。

もう1つのモデルは楽天を代表とする「モール型モデル」である。サイトを運営する企業はショッピングモールなどと同様にモール全体を運営する立場にあり、実際の消費者との商品の売買はそこに出店している各店舗が行う。そのため主な収益は各店舗が支払う出店料や売上手数料である。そして、サイトを運営する企業が直接販売を行わないため、売上額よりもサイト内で成立した売買額が企業規模の基準とされることが多い。このモデルにおいては、収益を拡大する際に商品を購入する消費者に対してサイトの認知度を上げるなどのアプローチもあるものの、それよりも出店企業数を増やすことで出店料収入を拡大することが重要となる。出店数が増えることでサイト内の商品の数が増え、消費者にとってサイトがより使いやすく魅力的になるというネットワーク効果が表れる点がこのモデルの大きな特徴である。

現在では、小売型モデルの代表格であるAmazonがモール型モデルの「Amazonマーケットプレイス」を展開するなど、1つのサイト内にこれら2つのモデルを擁している場合もある。ここでは、それぞれにおいて収益モデルやとるべき戦略が異なることを理解したい。この違いにより、両社の消費者への提供サービスや想定している購買プロセスは大きく異なっているため、サイト内のインターフェイスや使い勝手にも差異が生じており、結果としてサイトのイメージや利便性としてUXに大きく影響を与えている。例えば、Amazonでは消費者が求める商品に関する明確なビジョンをもっている際に、よりシンプルかつ簡単にその商品を見付けられるように意識している。それに対して、楽天は1つの商品を探すにしても同商品を取り扱う店舗は重複しており、それぞれの店舗ページの中では類似の商品や周辺の商品を勧めるなど多くの情報が飛び込んでくる。このように、ショッピングの際のサイト内回遊を通じた購買こそが楽天の目指す姿なのだ。したがって、よりシンプルな購入プロセスを提供するAmazonと、周辺商品を見たり店舗比較をしたりしながらの購入プロセスを提供する楽天といったように、それぞれのビジネスモデルに付随して提供しているUXは異なっている。

ECユーザーが求めるUX

消費者は何を求めてECを利用しているのだろうか。そしてECを利用する際にはどのような基準でサイト選びをしているのだろうか。さらにECに対する認識が大きく異なる市場においてそれぞれのECユーザー像を比較して、前述したECとECサイトそれぞれの選好がどのように異なっているか、も興味深い問題である。

ここでは日本と比較する市場としてタイに注目したい。その理由は、先進国で生まれた新しい市場であるECが新興国の消費者にどのように捉えられているのかを調べるため、新興国であるタイが相応しいと考えたからである。また、タイはASEANの中でも中心的な国として今後の発展が期待される市場だからである。実際に、EC市場においても楽天が2009年に進出するなど多くの日本企業が注目していることが分かる。さらに、後述のコンビニエンスストアの事例分析で詳しく述べるが、タイは日本の後を追うように発展しており、市場として共通点が多いという点も重要だ。そのため、経済の発展性がそれぞれのEC市場に対して及ぼす影響について考察する際に、タイという市場を見ることは日本との比較をする上でとても有効なのである。

日本においては、長らく実店舗での購買が主流であったものの、ITバブル期頃を境に、様々な企業が日本のEC市場を切り開くべく挑戦し、それが繰り返されるうちにECは多くの人々にとって商品購入方法の選択肢の1つとなっていった。現在は、家電や衣料品、スポーツ用品など多くの業界で市場の成長が伸び悩んでいる中で、EC市場は堅調にその規模を拡大してきており、これは消費者の多くがECを通じた購買を積極的に選択するようになってきていることを示している。

日本の消費者は一体何を求め、何を基準としてECを利用しているのだろうか。平成23年度総務省の「通信利用動向調査　統計表一覧（世帯編）」（**図表1-1**）を見ると、インターネットを使って商品を購入する理由として最も多かったのは、「店舗の営業時間を気にせずに買い物できるから」の58・3％、「店舗までの移動時間がかからないから」や「様々な商品を比較しやすいから」はそれぞれ40％を超えるなど、購買、あるいは商品検索・比較の利便性を理由に利用している人が多いことが分かる。つまり、ECを選択する多くの人々はインターネットのもつ大きな特徴である時間的、空間的に束縛を受けない情報収集を存分に活かせるECに対して利便性を感じているのである。

次に、日本でECを利用する消費者が数あるサイトの中からどのようにして実際に利用するサイトを選択しているのかを考えてみよう。ゼロスタート株式会社が男女500名に行ったアンケートによると、利用したサイトで求めている商品を見付けられなかった際に「別のECサイトに移動して購入する」と答える人が59％に上るなど、サイト内利用のしやすさは消費者にとって非常に大きなものになっている。また、他のアンケートでは商品購入時のサイト選択については「価格が安いこと」が最大で76・8％に上がるも、その次に「信頼性が高いこと」に対して62・5％、「周りの評価が高いこと」や「知名度が高いこと」がそれぞれ3割前後挙げられているなど、サイト選択の際にはサイト自体の信頼性が鍵になっているといえる。

それでは、タイにおけるECとECサイト選択の基準についてはどうだろうか。タイでは日本と同様に実店舗小売が充実している一方で、EC市場は日本に比べてその歴史は浅く、成長は続いているもののいまだ黎明期にある。事実、JETROの「タイにおけるインターネット市場と日本のファッション製品、伝統産品の輸出可能性に関する市場調査（ネット販売の可能性を中心に）」によると2008年時点で、タイにおけるEC利用者は26万956人で、インターネット利用者に占める割合は約1・77％で

図表1-1　ECを使う理由

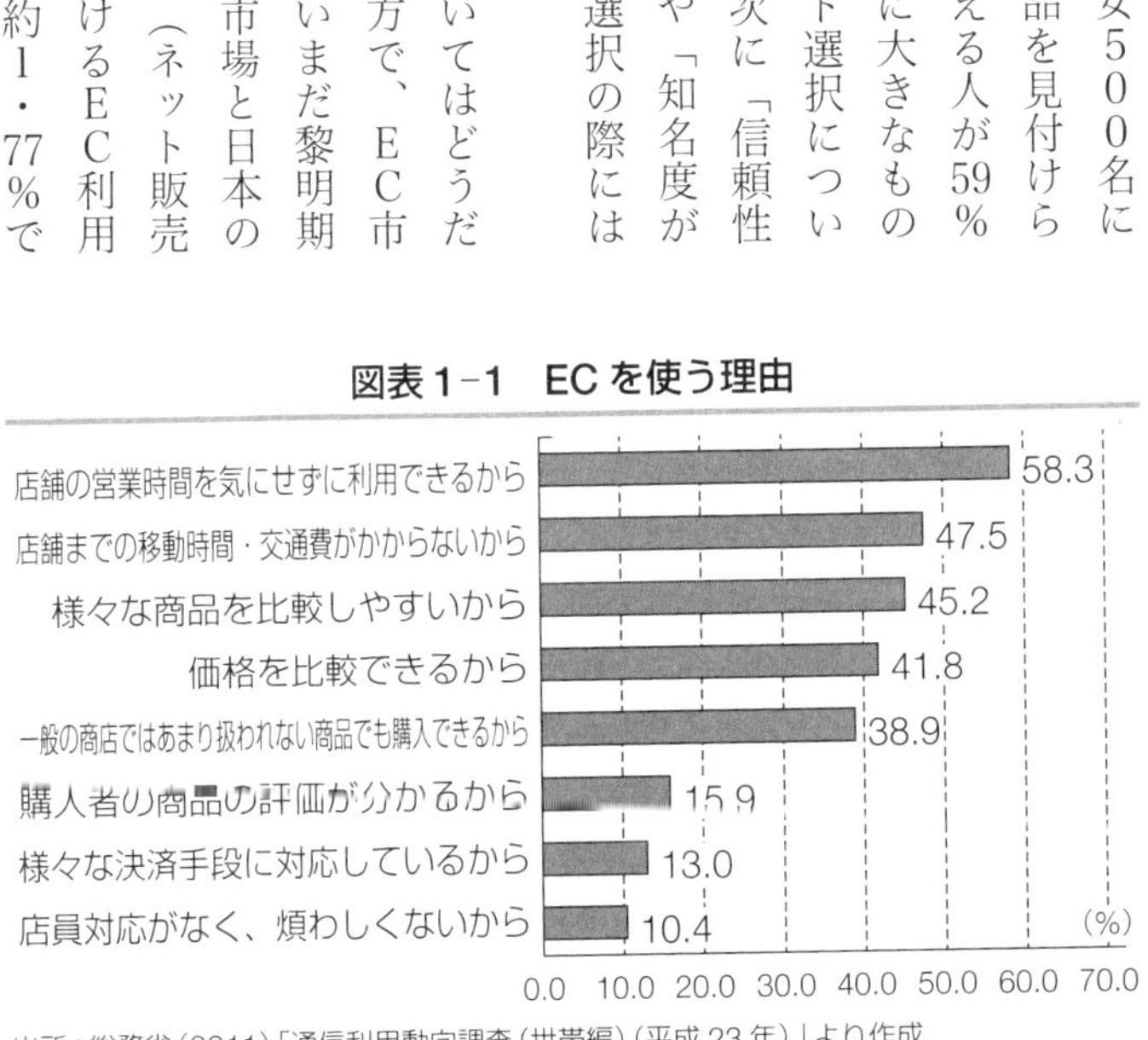

出所：総務省（2011）「通信利用動向調査（世帯編）（平成23年）」より作成

あった。また、インターネット利用の主要目的が「ショッピング」である利用者は6万3702人で、インターネット利用者に占める割合は約0・58％であったことからも、タイのEC市場はまだ新しい市場であることが分かる。実際にバンコクにおいて学生にアンケートをとってみると、「ネットで商品について情報収取・比較をしたのちに移動時間や価格によらず店舗で購入する」という、一般に「オンライン・トゥ・オフライン」と呼ばれる行動が多く見られた。そして、その理由を調査すると、それらは「なんとなく不安」や「友人・知人がトラブルにあったと聞いた」など、オンラインでの購入に対する漠然とした不信感であった。また、商品検索する際にも特定のECサイトを用いてサイト内で検索をするのではなく、検索エンジンから直接商品を検索し、表示されたものの中から各ECサイトに流れていた。そして「もし特定のECサイトを用いて商品を検索、購入するならばどのECサイトを用いるか」という問いに対しては「最も有名で信頼できるから」という理由からタイで最大のシェアをもつモール型サイトである「We Love Shopping」の名前が挙げられていた。これらのことから、ECに対しての信頼が十分でなければECサイトは商品に関する情報収集の手段の1つに過ぎず、購入に際しては利便性や価格よりも信頼性が優先されることが分かる。ECサイトに対する選択については価格よりもサイト認知による信頼感が初めに挙げられたことから、日本と同様にサイトの信頼性の有無が重視されていることは明らかだ。

以上のように、EC市場自体がすでに信頼を得ている日本においては、サイト選択時にはサイトの認知度など信頼性も確認するものの、購買方法としてECを利用する際は利便性が重視されている。それに対して、ＥＣ市場がまだ新しく、信頼性を獲得していないタイにおいては、ＥＣ利用に際して信頼性が明らかなネックとなっており、サイト選びにおいても価格や利便性よりも認知度や規模などの安心を求めているのである。

世界における2つのビジネスモデルの分布

地域によって消費者に求められる要素が異なることが分かったところで、異なるＵＸを提供する２つのビジネスモデルが世界のＥＣ市場においてどのように受け入れられているのかを見ていく。ここでは、ＥＣ市場が十分に発達している、あるいは今後の発展が見込まれている代表的な国を例にとり、どのようなサイトが市場シェアを獲得しているのかを見てみよう（**図表1－2**）。まず、アメリカ、イギリス、ドイツの３国で圧倒的なシェアを有するＡｍａｚｏｎを皮切りに、３国ともに代表的なサイトの上位の多くが小売型モデルによって構成されていることが見て取れる。他の市場も含めて、欧米諸国においては小売型企業が圧倒的に力をもっていることは明らかである。一方で、アジア圏においては日本の楽天市場、中国のTmall、タイのWe Love Shoppingなどモール型モデルで大きな市場シェアをもっている地場の企業が存在しているのが特徴的である。

このように欧米諸国においては小売型モデルが一般的で、その中でもＡｍａｚｏｎやLe Guide.comのように国を越えて販売網をもって他国でも上位に入る企業が見られる。それに対して、アジア圏において

図表1-2　世界のECサイトの型

	サイト名	本社所在地	モデル
日本	楽天市場	日本	モール型
	Amazon	アメリカ	小売型
	Yahoo!	アメリカ	小売型
アメリカ	Amazon	アメリカ	小売型
	Wal-Mart	アメリカ	小売型
	Target Corporation	アメリカ	小売型
中国	Tmall	中国	モール型
	360buy	中国	小売型
	Vancl	中国	小売型
イギリス	Amazon	アメリカ	小売型
	QVC	イギリス	小売型
	M&M direct	イギリス	小売型
ドイツ	Amazon	アメリカ	小売型
	Otto Gruppe	ドイツ	小売型
	LeGuide.com	フランス	小売型
インド	flipkart	インド	小売型
	snapdeal	インド	モール型
	JABONG	インド	両型
タイ	WE LOVE SHOPPING	タイ	モール型
	TARAD.com	日本	モール型
	dealfish	タイ	モール型
インドネシア	kaskus	インドネシア	モール型
	tokopedia	インドネシア	モール型
	tokobagus	アメリカ	モール型
シンガポール	Qoo10	シンガポール	小売型
	ZALORA	シンガポール	小売型
	redmart	シンガポール	小売型

出所：筆者作成

は地場のモール型モデルの企業が大きなシェアをもっているケースがあり、それらの企業は日本の楽天を含めていまだに他国で上位シェアをとれていない。

なぜ2つのビジネスモデルが存在するのか?

世界中で小売型モデル企業とモール型モデル企業は競合し合い、そして人々の選択の視点も異なっている。ここでは小売型モデル企業が上位を独占する市場、モール型モデル企業が上位を独占する市場、そして小売型モデル企業とモール型モデル企業が上位に混在し競合している市場と、それぞれがどのようにして成り立っているのかについて考えていく。

前述のように、消費者にとってECを利用する際にはまずECに対する信頼と、サイトに対する信頼の両方が必要となる。楽天市場を運営する楽天、Tmallを運営するタオバオ、そしてWe Love Shoppingを運営するTrue Digital Cntent & Media(以下TRUE)というモール型企業が力をもっている日本、中国、タイのそれぞれの市場を代表する企業の歴史を見比べると「信頼の醸成」という共通点が見付かる。例えば、楽天は1997年に楽天市場を開設して、競合他社よりもはるかに安価で分かりやすくサービスをパッケージ化することに合わせ、出店企業の1社1社に対してECコンサルタントと呼ばれる専門知識をもった担当者を配置した。そうすることで、慣れないECの世界に対して抵抗を少なくした企業が少しずつ楽天市場に参加し、日本におけるECの普及に貢献した。また、タオバオは2004年から全て無料で利用できるプラットフォームを提供し続け、さらに売買をするごとにショップを評価するシステムの配備、決済システムのAlipayの構築など中国におけるECに欠かせないシステムの基盤を築き続けてきた。タイのTRUEは元々情報通信を中心とする大手グループであり、インターネット・サービス・プロバイダや携帯電話キャリア、ケーブルテレビで大きなシェアと認知を有しており、その大型資本を基に黎明期であったタイのEC市場に参入した。このように、各市場で力をもつモール型モデルを用いる企業は、それぞれの国においてEC黎明期から分かりやすく親しみやすいシステムを導入したり、あるいは国内の他サービスにおいて定着していたりと長期間にわたって大きな信頼を獲得していることが分かる。

それに対してAmazonは、商品の管理・ピッキング・配送などの拠点設備や、シンプルで分かりやすいユーザーインターフェイス、精密なレコメンド機能など利用者に高い利便性を提供することを重視している。そのため、EC利用による購買に対する信頼がすでに形成されている市場においては、物流拠点を設置し流通インフラの利便性を満たせば、他国の市場で得たノウハウからそのシステムを転用することで他サイトに対して大きな利便性のアドバンテージを得ることができる。そのため、EC購買に対する抵抗が少なく、ECが十分に普及している西欧諸国や日本においてはその利便性が大きな武器となり、大きなシェアの獲得に繋がっている。一方で、中国やインドのようにECに対しての信頼感が十分でない地域においては、利便性がまだ十分に重要視されていないため、なかなか上位シェアにくい込めずに苦戦していると考えられる。

これらのことから、以下のような傾向がまとめられるだろう。市場がまだ新しく、オンラインで行う取引に対して不信感が強く出てしまう市場においては、消費者は黎明期から市場を支えてきたような信頼を感じる現地企業を選択し、それはモール型モデルのもつネットワーク効果と相まって少数のモール型モデルサイトによる市場のシェア独占に繋がる。一方、市場が成熟するにつれてECによる購買への信頼が形成されると、消費者はECサイトに対して利便性を重視するようになり、幅広い市場で経験を積んでシステムも高度化された海外の大型資本企業による小売型モデルが力をもつようになる。そうして日本や中国のように最初にモール型モデルサイトが大きいシェアを獲得した際には、大規模小売型モデルサイトとその利便性において競争をしながら、あるいはアメリカやイギリスのように強力なモール型モデルサイトが黎明期に現れなかった際には、より大規模な小売型モデルサイトによる市場独占状態となって市場は形成されていくと考えられる。

企業のビジネスモデルにも影響するＵＸ

ここまで、２つのビジネスモデルがどのように消費者に受け入れられているかを追いながら、信頼という基準を基にＵＸは変化し、それに合わせるように市場でシェアを獲得する企業の分布にまで影響を及ぼすことを明らかにしてきた。つまり、人々はＥＣ市場や企業がどのような遍歴を辿ってきたかという背景を基に信頼という基準を築いており、それがＵＸを形成して業界構造に影響を与えているのだ。また今回の事例の中で、黎明期から市場創造に貢献するなど消費者から大きな信頼を獲得したモール型企業が最大シェアを堅持しているパターンと、成熟した市場において世界展開する小売型企業が効率的なシステムとノウハウを競争力に圧倒的シェアをもっているパターンが見られた。このことから、企業がモール型モデルで新規市場に進出する際には、未開拓市場、もしくは黎明期にある市場を選択して長期的に取り組むべきで、一方の小売型モデルは市場が安定して信頼を得てから進出し、利便性を求める消費者に対してその効率性を武器に戦うべきであると考えられる。

4 コンビニエンスストア―日本と海外での異なる事業展開とその背景―

3つめのケースとして、日本からアジア新興国に積極的に進出している代表的なサービス産業の1つであるコンビニエンスストアのケースを見てみよう。コンビニエンスストア市場は1970年代に発祥地アメリカから日本に持ち込まれて以来、確実に市場を拡大し、2015年度は初めて10兆円市場になった。約4割の売上高シェアをもつセブンイレブンを、それぞれ約2割弱の売上高シェアをもつ2位のローソン、

3位のファミリーマートが僅差で追う状況であり、この3社だけで全体の約8割を売り上げている。

本節では、国内で激しい競争を繰り広げる日本のコンビニエンスストア業界の大手3社に着目し、新興国であるタイの事業を比較対象として分析を行う。その際、日本とタイのコンビニエンスストアや社会的・文化的背景を比較し、コンビニエンスストアという小さな空間の中で得られるUXの違いについても比較検証していく。

日本のコンビニエンスストア―過酷な出店競争、進む機能の多様化―

コンビニエンスストアは、当時イトーヨーカ堂創業者の右腕として活躍していた鈴木敏文（元セブン&アイ・ホールディングス会長）によってアメリカから日本に持ち込まれた。これが現在のセブンイレブンとなっており、これに続いて大小多くの店舗が国内に展開され始めた。コンビニエンスストアが日本に上陸した1970年代から90年代まで、主要な顧客は若い世代、特に若い男性であった。これはコンビニエンスストアの「いつでも・便利・手軽」という機能がこの層に広く支持されたためである。しかし、近年この傾向は大きく変化している。**図表1－3**は、セブンイレブンの顧客層と日本の総人口の年齢構成比を示している。ここからも見て取れるように、1999年から2015年までの約15年間で、人口の高齢化に伴い、30歳以上の利用者の割合が増加しており、特に50歳以上の利用者の伸びは顕著になっている。こうした顧客層の変化に伴って、消費者に提供する価値はどのように変化してきたのだろうか。

この答えを明らかにするべく、コンビニエンスストア大手3社のビジョンを見てみたい。各社のアニュアルレポートや統合報告書によれば、セブンイレブンは「近くて便利」、ファミリーマートは「社会・生活インフラ企業へ」、ローソンは「マチの健康ステーション」というビジョンをもっている。前の2社は主に店舗数の拡大により消費者の身近な存在となろうとしているのに対し、ローソンは出店数を増加させることよりも消費者の健康志向に応えることでの価値提供に重点を置いているようである。したがって、現在日本のコンビニエンスストア市場は「店舗数の増加」「健康志向」の2つの特徴をもっているといえる。以下、これら2つの特徴を詳しく見ていく。

①店舗数の増加

まず「店舗数の増加」について**図表1－4**を見てほしい。2000年代初頭、国内主要10社のコンビニエンスストアが4万店舗に達し、2014年9月末には5万1363店舗、20年前のおよそ2倍となっている。業界1位のセブンイレブンは「ドミナント戦略」（投資の選択と集中によって、

図表1－3　セブンイレブン顧客層と総人口の年齢構成比変化

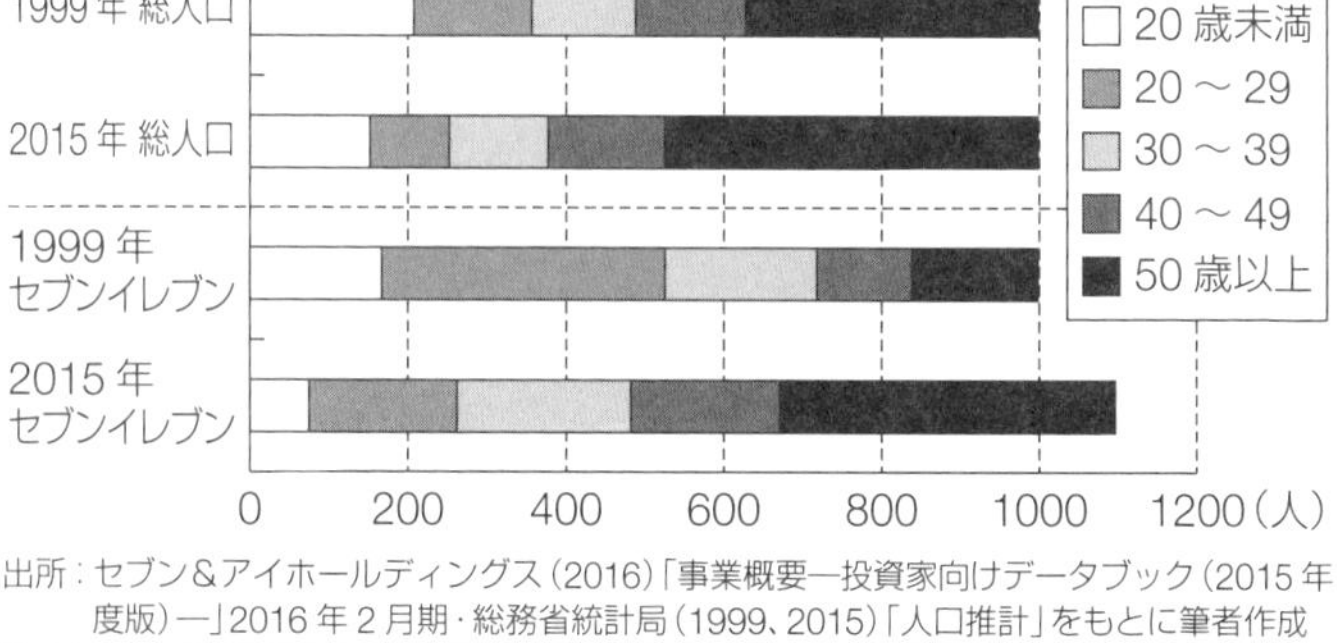

出所：セブン＆アイホールディングス（2016）「事業概要―投資家向けデータブック（2015年度版）―」2016年2月期・総務省統計局（1999、2015）「人口推計」をもとに筆者作成

進出した地域で必ず1位を狙う戦略）を積極的にとることで知られいる。ある地域にセブンイレブンが出店してくると、２位以下の他社を凌駕するまで投資をしてくるので、結果的にその地域は激しい出店競争になる。２０１４年度、セブンイレブンは計画通り、ファミリーマートは計画未達ながら両社とも今後も出店増を目指すとしており、さらなる店舗数増加が見込まれる。

大手コンビニエンスストア各社の激しい出店競争のきっかけとなるセブンイレブンのドミナント戦略は、同社が日本での創業当時からフランチャイズチェーン展開上の効率性・安定性を追求していることに起因する。この戦略によって、物流の効率化や消費者への接点の増加が可能になり、「消費者への新鮮な商品の安定供給」および「必要とされる場所への出店」というまさに「近くて便利」なＵＸを消費者に与えている。

②健康志向

健康志向に関しては、女性や高齢者を利用者層に取り入れようとする企業の意向が透けて見える。日本社会は近年女性の社会進出が進み、そ

図表1-4　国内主要10社のコンビニエンスストア店舗数

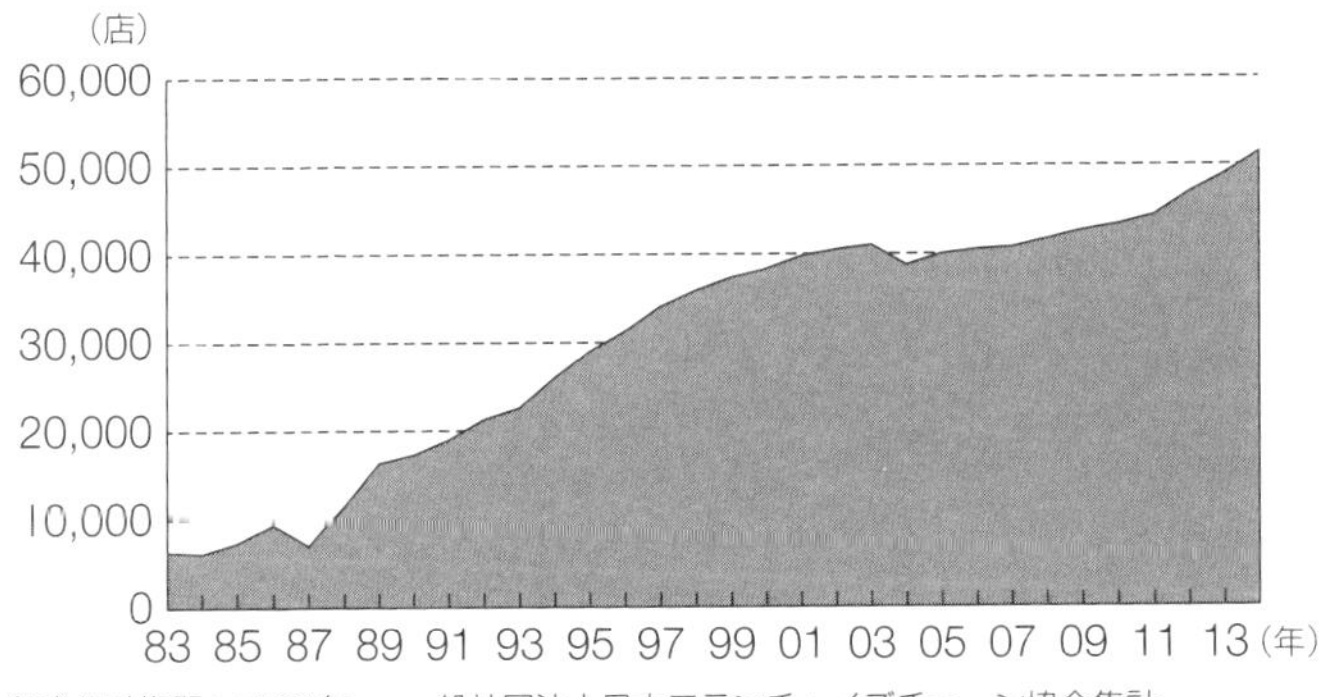

（注）集計期間：1983年〜、一般社団法人日本フランチャイズチェーン協会集計
出所：HighCharts FreQuent「【主要10社】コンビニの国内店舗数推移をグラフ化（1983年〜）」より引用

れと同時に少子高齢化も加速している。そのため、従来の顧客層に加えて働く女性や高齢者のニーズを掴むことがコンビニエンスストア業界にとっても不可欠となっているのである。特に、「健康志向」に焦点を当てているローソンは、2001年のナチュラルローソン1号店オープン以降も他社に先駆けて健康志向をアピールしてきた。同社は他社と同様に高齢者や女性を対象にした商品を提供する他、店舗展開の際にも健康を意識しているという。生活が豊かになるにつれ増える成人病患者などを意識している戦略ともいえよう。このように、近年ローソンを代表として、コンビニエンスストア各社は健康を意識する日本人に、以前のコンビニエンスストアでは得られなかった「健康に良いものを手に入れられる」というUXを提供しているのだ。

以上のように3社のビジョンからは、各社が「大量出店」や「健康志向」によるUXを提供もしくは提供しようとしていることが読み取れ、今やコンビニエンスストアは社会インフラと同等の価値を有することが分かる。ただし、消費者をより満足させるためには上記以外にもさらなる価値向上策が必要となる。例えば、いわゆる中食・内食（自宅でお腹が減ったときに自由に少しだけ食べる習慣・およびその市場のこと）の品揃えの拡充や品質の向上、生鮮食品の取り扱いやインターネットサイトと連動したサービス、各種宅配サービスの開始などの新規事業は、社会変化に対応し、コンビニエンスストア以上の価値を消費者に提供しようとする各社の姿勢の表れでもある。こうした新規事業による社会変化への対応が、冒頭で述べたコンビニエンスストア利用層の変化に繋がっていると考えられる。

海外の日系コンビニエンスストア—タイムマシンモデルで見る事業展開—

国内での事業を成長・成熟させる一方で、3社は海外事業にも取り組んでいる。日本のコンビニエンスストアの海外展開は1990年代に本格化したが、1988年にファミリーマートは純日系コンビニエンスストアでありつつも他社に先駆けて台湾でのフランチャイズ展開をスタートさせている。本節では、日系コンビニエンスストアが圧倒的なシェアをもつタイのコンビニエンスストア市場について見てみたい。

現在、タイのコンビニエンスストア市場は成長の真っただ中にあり、1位セブンイレブンが7816店舗で約70％、2位英系Tesco Lotus Expressが1432店舗で約13％、3位ファミリーマートが1112店舗で約10％のシェアを握っている（ローソンは32店舗）。各社は今後も出店を加速させる予定で、セブンイレブンは2018年までに1万店舗、ファミリーマートは2017年までに3000店舗にまで店舗数を増加させる見込みという。

そうした中、日系コンビニエンスストアはタイでどのように事業展開しているのだろうか。その答えの1つが「タイムマシンモデル」にあると、タイ＝セントラルファミリーマートCFO内田氏は言う。「タイムマシンモデル（タイムマシン経営）」とは、「1人当たりGDPなどの指標を参考に新興国の現在の状況と先進国の過去の状況を比較し、先進国の事例・事業を新興国に時機を逃さず持ち込むことにより、成功を収めることができる」という理論である。このモデルはかつてソフトバンクのＣＥＯ孫正義氏が命名したものであり、特にＩＴ業界において用いられることが多い。内田氏は、「日本で展開した事業を20〜30年遅らせてアレンジを加えた上で、タイなどの新興国でも展開する」と言う。ここからはこのモデルを通して、タイでのコンビニエンスストア事業について見ていきたい。

タイのコンビニエンスストアは、一見すると日本の一般的なコンビニエンスストアと大差ないように思われる。日本と同じように、おにぎりやサンドイッチ、お弁当をはじめとする冷蔵の中食、各種飲料、菓子、パン、デザート、化粧品や事務用品含む日用品、揚げ物など、多様な品揃えを有している。

ここで驚かされるのが、タイのコンビニエンスストアでも「淹れたてコーヒー」を楽しむことができる点だ。セブンイレブン、ファミリーマートともに、まだ部分的な運用という段階のようであるが、日本で２０１２年頃から大いに流行している「淹れたてコーヒー」通称「コンビニコーヒー」を、タイの日系コンビニエンスストアでも当たり前のように飲むことができる日が案外すぐやってくる可能性がある。このように、「コンビニコーヒー」は異例のスピードで「タイムマシンモデル」を使ってタイに持ち込まれている状況といえる。これはなぜなのだろうか。

背景にはタイのコーヒー文化がある。タイには昔から「コーヒー屋台」があり、庶民はここで砂糖を大量に入れた甘いアイスコーヒーを手に入れることができた。その後、ネスレや味の素によるインスタントコーヒーや缶コーヒーがタイのコーヒー市場に現れ、さらにはチェーン展開するコーヒーショップもタイに現れる。例えば、国内最大手のカフェアマゾン（約８００店舗）や世界最大のコーヒーショップチェーンであるスターバックス（約２００店舗）などがある。このように、タイにおいてコーヒーは長年消費者にとって身近な存在であり、コーヒーを外出先で飲む習慣が元々あったため、日本でのヒットから間をあけることなく「コンビニコーヒー」をタイで展開させることが可能だったのだ。

その反面、日本に以前からある商品・サービスでもタイにはまだ持ち込まれていないものもある。その中でも、本節ではネットショッピング、高齢者向けサービス、中食の３つに焦点を当てる。これら３つに起因するUXがタイで提供されないのはなぜなのか。理由を明かすべく、これらに関する社会的背景、具体的にはタイの女性と家族をはじめとする人口動態、タイのインターネット事情、およびタイ人の「食の安全・安心」「健康」への意識などを確認する。

①タイの女性と家族／人口動態

タイでは、女性の社会進出が日本よりも肯定的に見られる傾向にある。タイの女性は近代化に伴う貨幣価値上昇に伴い、男性と同じように労働に関与するようになったといわれている。彼女たちは家庭で家事をこなす時間を十分にとることができず、そもそもアパート暮らしの家庭や裕福でない一軒家にはキッチンがないこともある。かわりに利用されているのが20世紀初頭にバンコク市内を中心に現れた半常設的な屋台である。タイの都市部では通勤ラッシュが深刻な問題となっており、仕事が終わって帰宅する時間が公設市場の開場時間に間に合わない人も増加している。そんな時でも食事の調達を可能にしてくれる屋台は、タイの庶民にとって必要不可欠なものになっている。戦後も長年「家事をして当たり前」と目されてきた日本人女性（特に主婦）の暮らしとは対照的である。また、タイの家族形態に関しては、親の屋敷の敷地内に子ども夫婦が居住する、「屋敷地共住集団」という名の形態をとる家族が多い。また、男性が婿入りする妻方居住の形を伝統的にとっており、末の娘が親の面倒を見ることが多い。

さらに、タイでは日本以上のスピードで少子高齢化が進んでいる。**図表1-5**および**図表1-6**が表しているように、タイでは合計特殊出生率の減少、および平均寿命の上昇が日本よりはるかに速いスピードで進んでいることが分かる。

②タイのインターネット事情

バンコクは「フェイスブックを使用する人数が世界一多い都市」ともいわれており、さらに街中では人気通話アプリＬＩＮＥのキャラクターを目にすることが多いため、タイ人はさぞかしインターネットに通じていると

図表1-5　日本とタイの合計特殊出生率

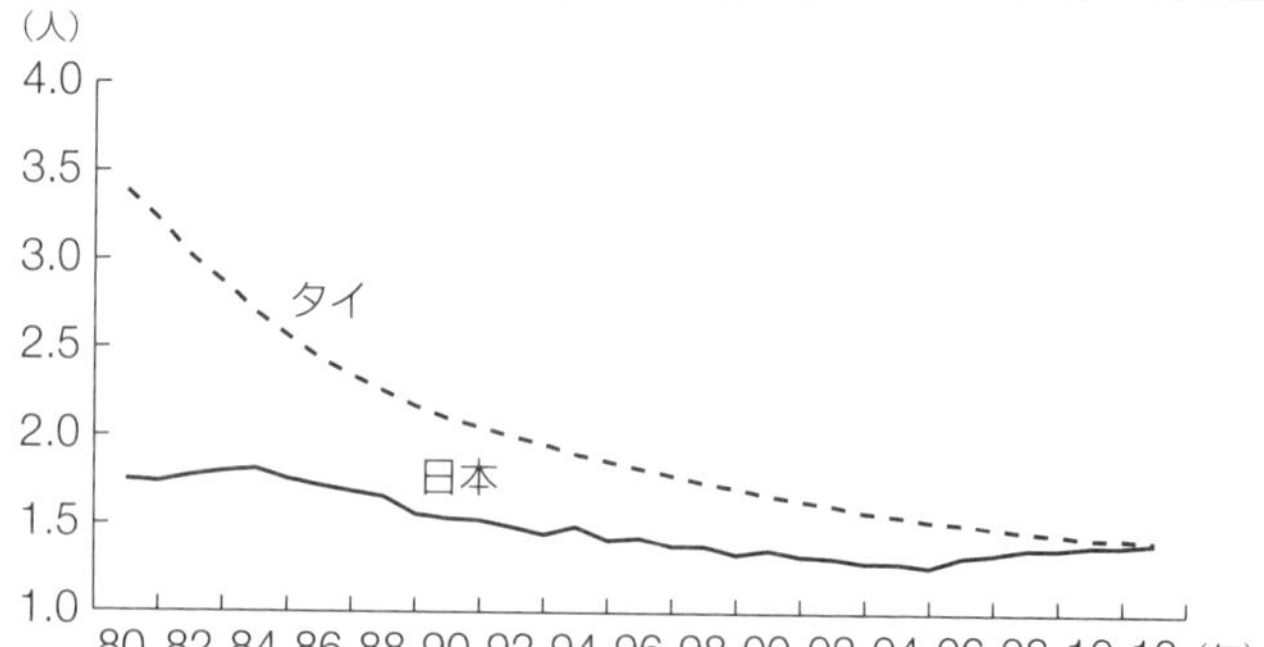

出所：The World Bank-Data Indicators

考えてしまう人も多いかもしれない。しかし、実際のタイのインターネット普及率は、彼らのフェイスブック好きからは想像できないほど低いのが現状だ。日本**図表1-7**を見てほしい。日本のインターネット普及率が2013年に90%近くになっている一方、タイではまだ30%である。

③タイ人の「食の安全・安心」「健康」への意識

タイの国民、特にバンコク市民は「健康」への意識が非常に高いといわれている。株式会社

図表1-6　日本とタイの平均寿命

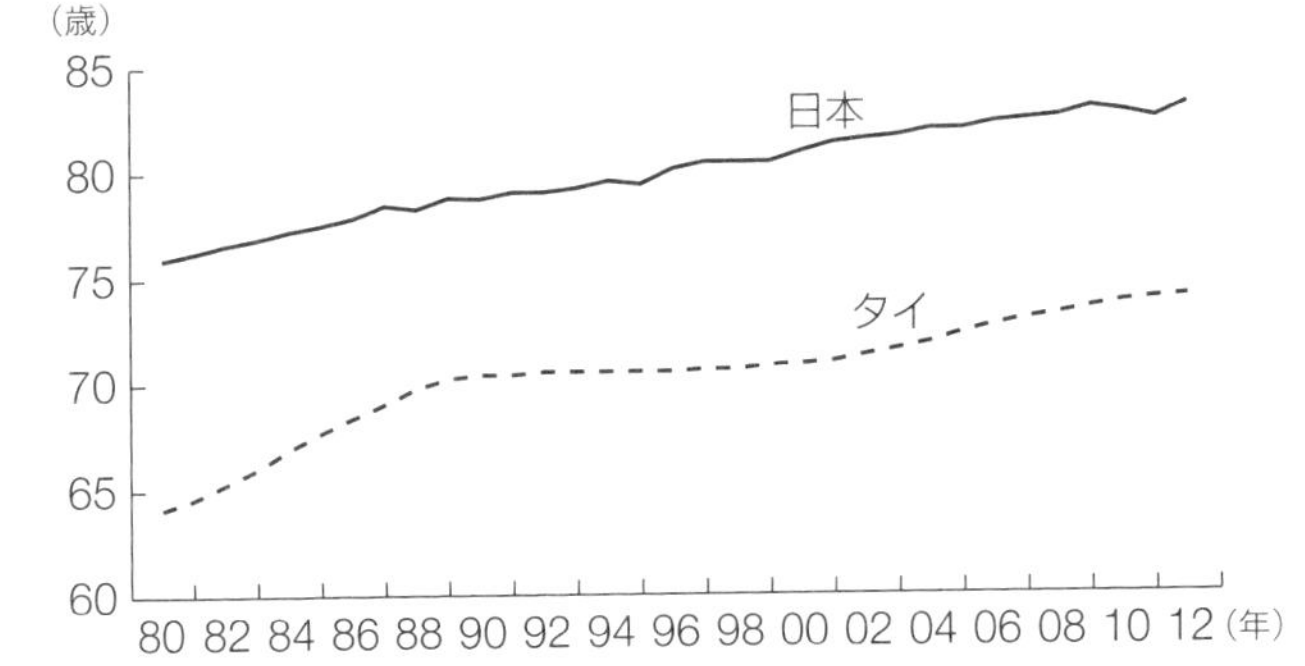

出所：The World Bank-Data Indicators

図表1-7　日本とタイのインターネット普及率

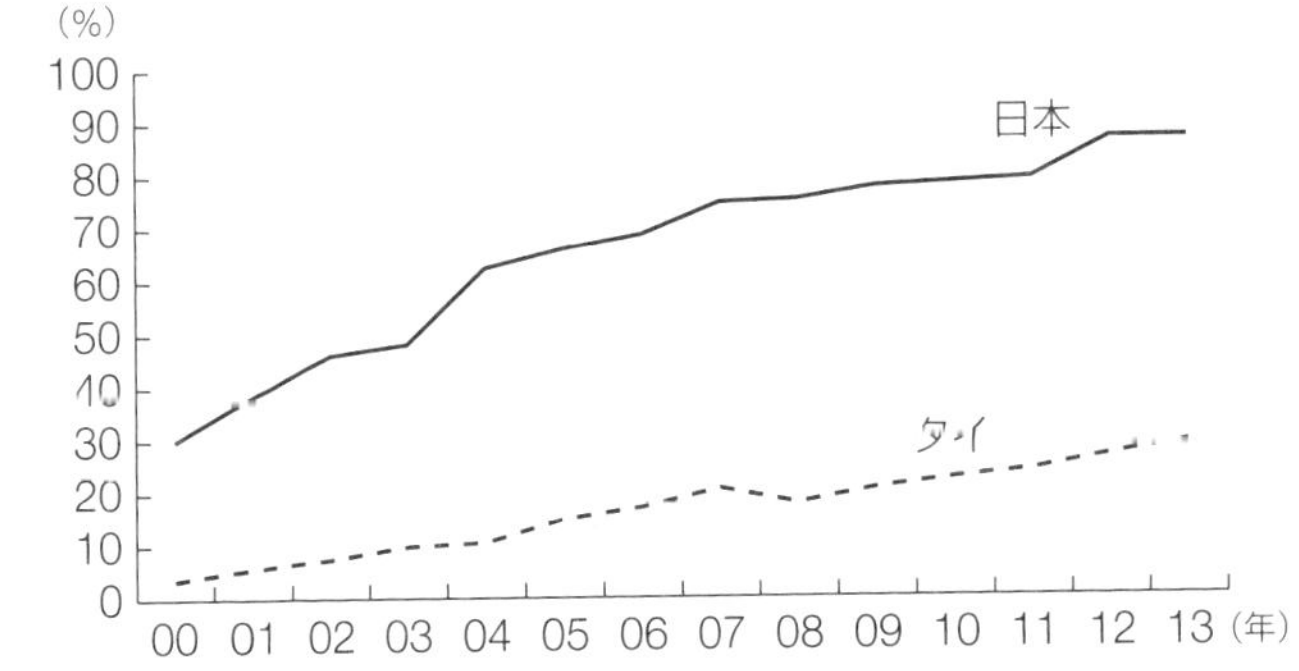

出所：Google（2013）「Our Mobile Planet」

日本能率協会総合研究所の調査によると、健康への配慮について「積極的に気遣っている」「まあ気遣っている」と答えた日本の回答者は合わせて約60％であったのにも関わらず、バンコクの回答者は約90％に上っている。

しかし、「食の安全・安心」のレベルに関しては日本と比べてかなり遅れている。日本では戦後特に1960年代以降消費者団体が力をもち、その後の公害や食品安全問題などに対して積極的に関わり、政策に対しても影響力をもっていた。そのため、消費者全体の食の安全への関心、および食の安心への意識は比較的高い。一方のタイでは、屋台での食事が広く浸透していることからも分かるように、衛生への配慮が不十分な状況下で飲食が行われている。屋台で提供される食事は、外国人観光客が用心せずに口にすると体調を崩してしまうほどである。タイ政府は自国の農産物や食料品の海外でのイメージを強化するべく、国内で生産・販売される農産物や食品に国際市場並みの高いレベルの基準を適用しているが、消費者やマスコミはまだ「食の安心」を求める段階にまで至っておらず、「食の安全」の追求をする段階にとどまっている。このことは、食中毒事件が発生しても大規模なものでもない限り全国的に報道されないことや、消費者団体が「食の安全」に関してはほとんど機能していないことにも表れている。しかし、「食の安全」さらに「食の安心」を求める消費者は、都市部を中心に一定層いるため、ここに「おいしい・健康に良い・安全」と目される日本料理、ひいては日本企業の売る食品に商機があるということもできるだろう。

これら3つのタイの社会的背景の考察を通じて、タイにおけるコンビニエンスストアのネットショッピング、高齢者向けサービス、中食の可能性が見えてくると考えられる。ネットショッピングおよび高齢者向けサービスは、どちらもまだ提供されていないものの、前述の社会的背景を考慮すると近い将来これらの事業が日本からタイへ持ち込まれても不思議ではない。その時期を決める際に参考にされる指標は、前述のインターネット普及率やネットショッピング市場の規模・成長率、一人暮らしの高齢者世帯数などになるだろう。また中食についても、品揃えこそ十分にあるものの、日本で展開されているような、女性の好みに合わせたものや栄養バランスを考えたヘルシーなものなどはまだ展開されていない。コンビニエンスストアは屋台以上の品質で食品を提供する場所となりつつあるが、日本と同程度の付加価値を加えた中食の提供のためには、タイ人の「食の安全・安心」へのより高い意識が必要となるだろう。

以上のように、日本のコンビニエンスストアで提供される商品やサービスが「タイムマシンモデル」に乗ってタイにやってくるのは、日本での提供開始の直後かもしれないし、あるいは数十年後かもしれない。新しい商品やサービスの提供のタイミングは、現地の社会や文化が教えてくれるものである。

5 エアライン―LCC成立背景がLCCの形態へ及ぼす影響―

4つ目のケースとしては、近年日本でも一般的になってきたLCCを例に挙げる。LCCとはロー・コスト・キャリアの略であり、FSC（フル・サービス・キャリア）と比べて、コストの削減を徹底することなどにより、魅力的な運賃を実現している。航空事業もまた、UXから大きな影響を受けながら成長してきた事業である。本節では、そんなLCCが2000年頃に普及を開始した欧州と東南アジアを取り上げたい。なぜなら、ほぼ同時期に人々に定着した、同じLCCであるにも関わらず、この2つの地域ではその商品・サービスや市場に違いが生じているからだ。ここからは、その違いがなぜ生まれたのかについて考えていく。

欧州と東南アジア間でのLCC成立背景の違い

欧州・東南アジアはともにLCCが大いに普及している地域である。欧州ではライアンエアーやイージージェット、東南アジアではエアアジアやライオン・エアなど、数多くのLCCが同地域の空を席巻している。例えば、これらのＬＣＣを旅客数ベースで見ると、欧州でライアンエアー、イージージェットはそれぞれ1位、3位であり、アジアでもエアアジア、ライオン・エアはそれぞれ1位、2位である（JADC 2014, Air Asia 2013, IATA 2014）。そのため、欧州・東南アジアは、ともにＬＣＣが大変定着している地域として共通していることは明らかである。

しかし、ＬＣＣが人々の足として定着してきた背景には、両地域間でその広がりに違いがあったためと考える。結論から述べると、欧州の人々はＦＳＣが浸透した上でＬＣＣを利用し始めたのに対し、東南アジアの人々はＦＳＣが浸透する以前にＬＣＣを利用し始めたというものだ。つまり、欧州の人々は、その多くがすでにルフトハンザドイツ航空やブリティッシュ・エアウェイズといったＦＳＣを利用しており、その上で新たに登場したライアンエアーやイージージェットといったＬＣＣを利用し始めた。それに対し、東南アジアの人々は、その多くが初めてのフライトとしてエアアジアやライオン・エアといったＬＣＣを利用し始めたということである。この事実について、大きく2つの点から説明したい。

第1に、欧州、東南アジアともに、ＬＣＣ普及以降（２０００年頃）の航空需要の増加は、ＬＣＣによってもたらされたものであるという点だ。航空旅客需要の規模を示す有償旅客キロメートル（単位：億）を見てみると、２００1年から２０１2年にかけて、欧州では９７６０から1万４５８０と、４８２０の増加を、日本と中国を除くアジア・太平洋地域では４６９６から７０２０と、２３２４の増加を示している（ＪＡＤＣ　２０１４）。ここで、同年にかけてのＬＣＣの有償旅客キロメートルの増加量を見てみると、欧州で5052、東南アジアで2363となっており、航空旅客需要全体の増加量とLCCに限定した航空旅客需要の増加量は近似している（LCCの有償旅客キロメートルの増加量はLCCシェアの増加量から計算した。欧州、東南アジアともに2001年のLCCシェアを5％とした）。このことから、LCCの普及以降の航空需要全体の増加は、主としてLCCが担っているといえるだろう。

第2に、2000年頃（LCC普及開始時期）から今日までの航空需要の増加は、欧州では1人当たりの利用増加、東南アジアでは新規需要によってもたらされたという点だ。航空旅客数（単位：万人）を見てみると、2001年から2012年にかけて、欧州では4万600から7万9900に、日本と中国を除くアジア・太平洋地域では1万8926から4万8145にそれぞれ増加している（JADC2014）。また、同年にかけての欧州15ヵ国（西欧主要国のドイツ、イギリス、フランス、イタリア、スペイン、ポルトガル、オランダ、ベルギー、スイス、スウェーデン、フィンランド、ノルウェー、デンマーク、オーストリア、アイルランド）とアジア8ヵ国（地域）（ASEAN5、シンガポール、韓国、台湾）の人口推移を見てみると、欧州で3万7817から3万9933、アジアで5万2746から6万489と増加している。以上2つの数値を照らし合わせると、2001年時点において、欧州では一定の割合で飛行機が普及しているのに対し、アジア新興国では普及が遅れていることが推測される。さらに同年にかけての欧州15ヵ国とアジア8ヵ国の1人当たりの名目GDP推移（単位：USドル）を見てみると、欧州で2万2520から4万7884、アジアで2585から6354と増加しており、欧州では2001

年時点で経済的に飛行機に乗ることのできる層が多数を占めていた。それに対し、アジアでは２００１年時点では経済的に乗ることができなかったものの、２０１２年にかけて乗ることができるようになった人々が相当数表れたと考えられる。これらを統合すると、ＬＣＣが普及を開始した２０００年頃に欧州ではすでに飛行機が普及しており、２０１２年にかけては１人当たりの利用回数が増加したこと、対してアジア新興国では２０００年頃にはまだ飛行機が普及しておらず、２０１２年にかけて初めての飛行機を経験する人々が登場したということが説明される。

以上の２点を鑑みると、欧州・東南アジアともに、２０００年頃のＬＣＣ普及開始以降の航空需要の増加は主にＬＣＣによって担われており、その増加は、欧州では１人当たりの利用増加、東南アジアでは新規需要によってそれぞれもたらされたことが分かる。つまり、先に述べた通り、欧州の人々はＦＳＣが浸透した上でＬＣＣを利用し始めたのに対し、東南アジアの人々はＦＳＣが浸透する以前にＬＣＣを利用し始めたといえる。

欧州と東南アジア間でのＬＣＣへの志向の違い

前項までは、欧州と東南アジア間でのＬＣＣ成立背景の違いについて述べた。本項では同地域間でのＬＣＣへの志向の違いについて述べていきたい。成立した背景が異なれば、それを利用する人々の意識にも違いが生じるからである。具体的には、ＬＣＣよりも先にＦＳＣが普及していた欧州よりも、「初めてのフライト」がＬＣＣであった東南アジア地域の方が、ＬＣＣに対してより親密かつ好意的であり、また、ＦＳＣとＬＣＣを区別する意識も小さくなると考えた。

志向の違いを調査するために、欧州、東南アジアの人々を対象に**図表１－８**のようなＬＣＣに関するアンケートを実施したところ、やはり結果に差が生じた。まずはＦＳＣと比較したイメージを５段階評価で聞いてみたところ、親しみやすさに関しては満足以上の回答が欧州で30％あるのに対し東南アジアで45％を示し、欧州よりも東南アジアの人々の方がＬＣＣをより身近に感じていることが分かる（**図表１－９**）。また、サービスに関しては満足以上の回答が欧州で５％、東南アジアで35％、それに対して、不満以下の回答が欧州で55％、東南アジアで20％と大きく開きが生じ、欧州の人々はＦＳＣと比較したＬＣＣのサービスに大きな不満を抱いていることも分かる（**図表１－10**）。

価格に関しては満足以上の回答が欧州で85％、東南アジアで70％というように、欧州の人々の方がＦＳＣと比較したＬＣＣの運賃に満足しているという結果が生じた（**図表１－11**）。さらに、予算に余裕がある際にＦＳＣ

図表１−８　LCCに関するアンケート調査の概要

国籍	年齢	人数	方法
●欧州	●20代	●20人	●5段階アンケート ●2択アンケート
●マレーシア、タイ		●20人	
●日本		●60人	

質問内容

- ●FSCと比べてLCCは親しみやすいか（5段階）
- ●FSCと比べてLCCは信頼できるか（5段階）
- ●FSCと比べてLCCはサービスが良いか（5段階）
- ●FSCと比べてLCCは価格が安いか（5段階）
- ●予算に余裕があるとき、FSCとLCCのいずれを選ぶか（2択）

出所：筆者作成

とLCCのいずれを選ぶかという質問で、LCCを選択したのが欧州で25%、東南アジアで40%であることも考えると、欧州の人々が、運賃の安さからLCCを選択していることが分かる（**図表1－12**）。

これらの結果を全て勘案すると、欧州の人々はFSCと比較した際に、LCCのサービスには不満を抱きながらも、その価格の安さから選択していること、一方で東南アジアの人々は相対的にLCCをより身近に感じ、サービスへの不満や選択に際する運賃

図表1-9　FSCと比べてLCCは親しみやすい

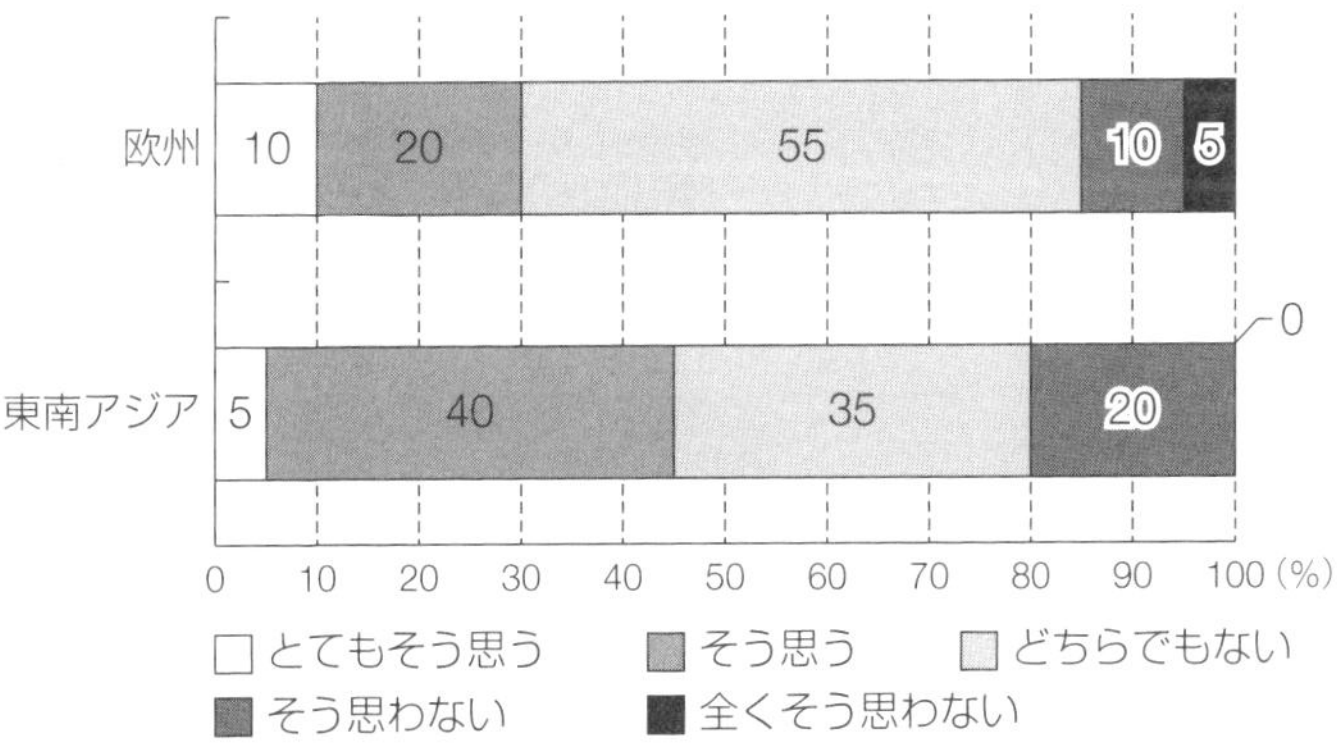

出所：筆者作成

図表1-10　FSCと比べてLCCはサービスが良い

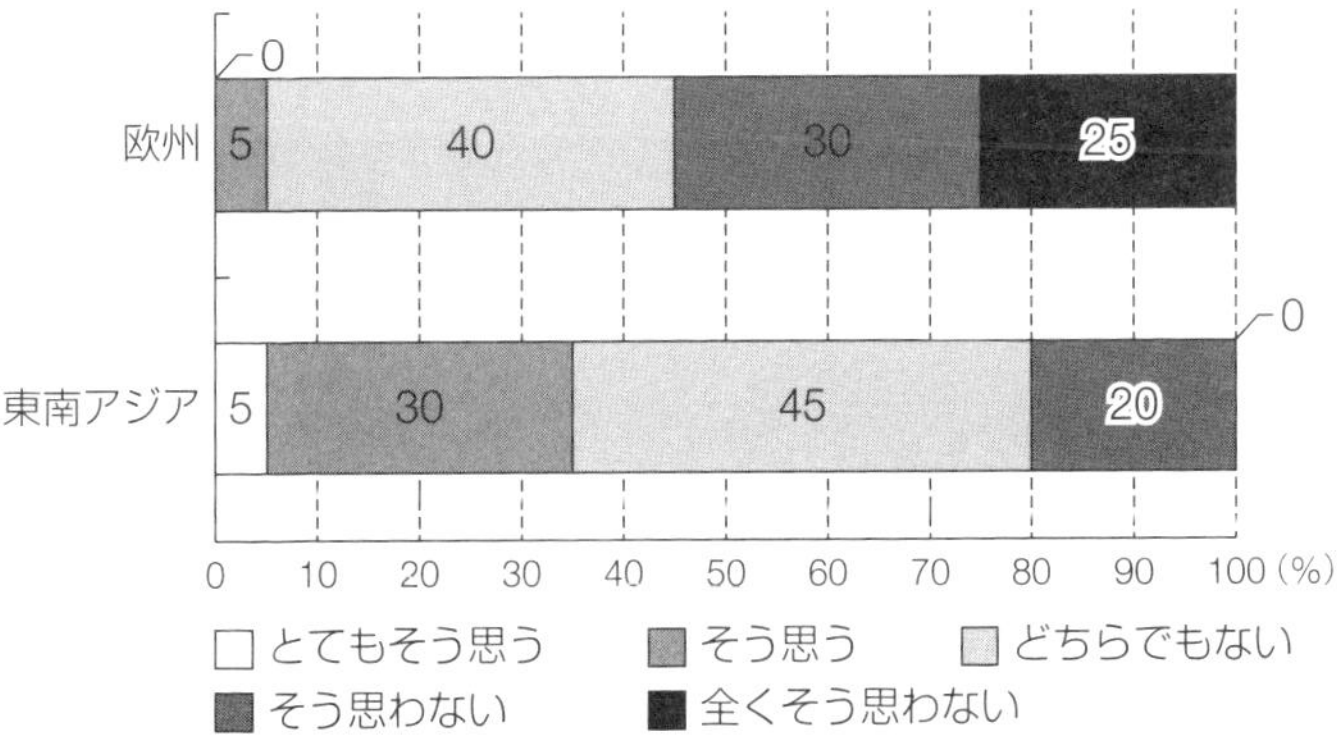

出所：筆者作成

への依存度が小さいことが示される。以上のアンケートから、ＬＣＣ成立の背景が異なる欧州と東南アジアの間には、人々のＬＣＣに対する志向に差が生じていると考えられる。また、ＦＳＣと比較しサービスへの不満と運賃への満足を顕著に示す欧州、ＬＣＣをより身近に感じサービスや運賃へも欧州ほど顕著な反応を見せない東南アジアという結果を考えると、欧州の人々がＦＳＣとＬＣＣを区別しているのに対し、東南アジアの人々は区別が曖昧であ

図表1-11　FSCと比べてLCCは価格が安い

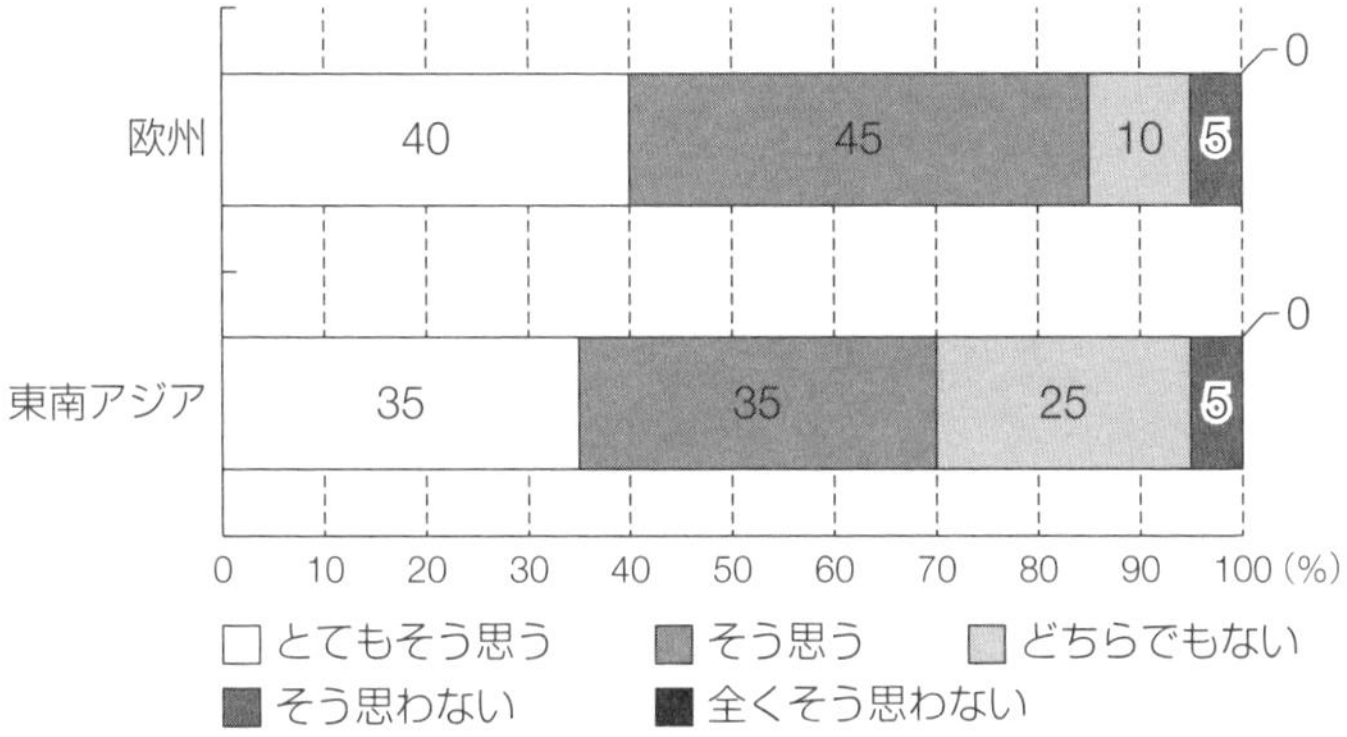

出所：筆者作成

図表1-12　予算に余裕があるとき、FSCとLCCのいずれを選ぶか

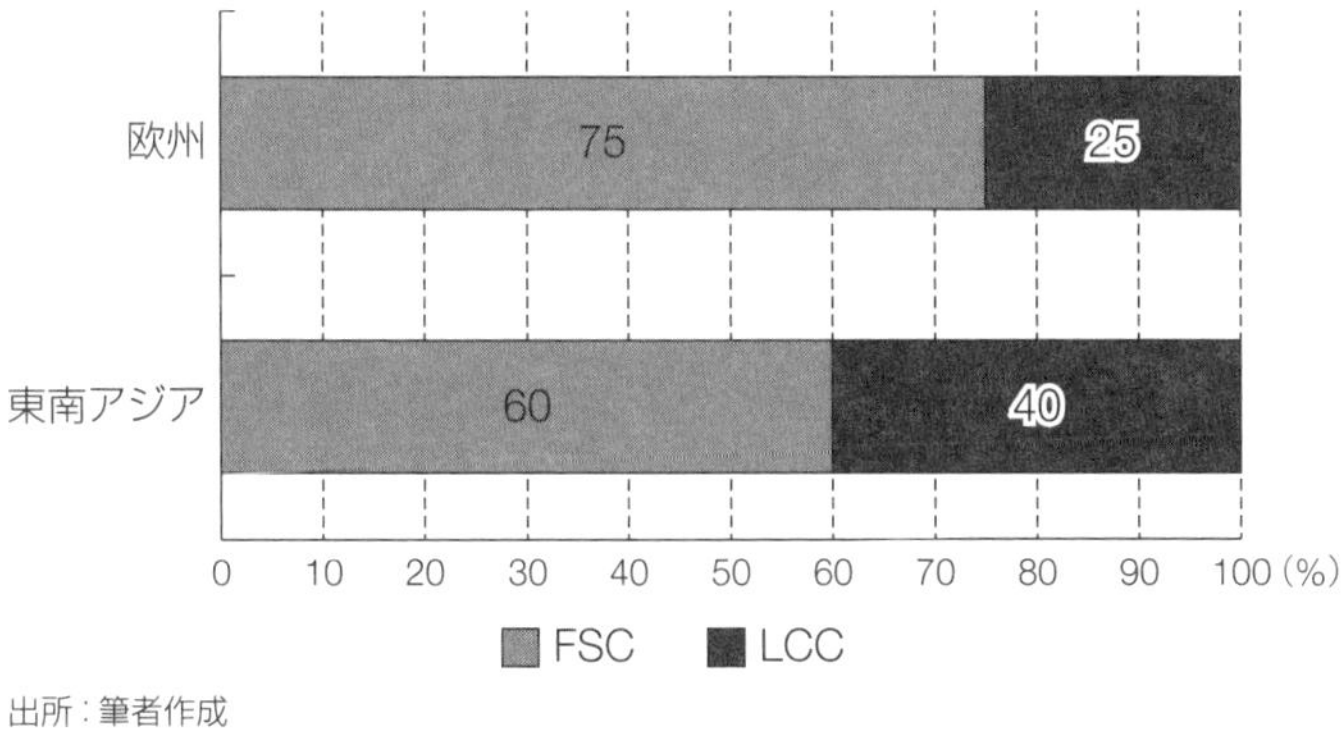

出所：筆者作成

ることが推測される。東南アジアにおいてＦＳＣを特別に選好するのは、ＬＣＣが登場する以前に飛行機を利用していた人々や、ＬＣＣでは就航していない域越え便（欧州便など）を利用する人々なのだろう。

欧州と東南アジア間でのＬＣＣの形態の違い

同地域間でのＬＣＣの形態の差について述べていきたい。欧州に比べＬＣＣにより親しみをもち、ＦＳＣとの区別が小さい東南アジアでは、その形態に関してもより身近で、ＦＳＣとの区別が少ないと推測される。以下、欧州と東南アジア間におけるＬＣＣの形態の差について４つの例を挙げる。

１つ目に、航空旅客需要（座席数ベース）に占めるＬＣＣのシェアで、西欧が39％であるのに対し、東南アジアは52％を占め、東南アジアの人々がＬＣＣをより身近に感じている様子が現れている（ＪＡＤＣ２０１４）。また、マレーシアでは、ＦＳＣのマレーシア航空の不採算路線を、ＬＣＣのエアアジアに移管する措置がとられるなど、欧州と比べてＦＳＣとＬＣＣを分ける意識が小さい様子もうかがえる。

２つ目に、東南アジアにおけるＬＣＣの長距離路線（４５００km以上）への進出が挙げられる。経費に占める燃料費の割合の上昇や、座席の狭さやサービスの内容による乗客の不満などの理由から、欧米ではＬＣＣは中距離までとされているのに対し、東南アジアにはエアアジアＸやスクートといった中長距離専門のＬＣＣが存在する。この存在は、東南アジアのＬＣＣによるコスト削減の努力に加え、人々のサービスへの不満やＦＳＣとの区別意識の小ささによるものであるだろう。

３つ目に、東南アジアのＬＣＣにおけるビジネスクラスの導入が挙げられる。ＬＣＣは本来より多くの座席を導入し、サービスも最小限に抑えるのが基本のため、欧州のＬＣＣにビジネスクラスは存在しない。それに対して、東南アジアのＬＣＣには、エアアジアグループやライオン・エアをはじめとしてビジネスクラスが存在する。このビジネスクラスのサービスには広く快適なシート、特別な機内食、優先搭乗、ラウンジの利用権などが含まれ、サービスが最小限に抑えられているＬＣＣにも関わらず、ＦＳＣのビジネスクラスに似たサービスを受けることが可能である。まさにこれは東南アジアの人々のＦＳＣとＬＣＣという区別の意識の薄さから来るものといえるだろう。

４つ目に、２０１４年5月に供用を開始したマレーシアのクアラルンプール国際空港の新ＬＣＣターミナル（ＫＬＩＡⅡ）の存在が挙げられる。本来、ＬＣＣ専用の空港やターミナルは簡素なもので、飛行機を離発着させるのに最低限の施設しかないのが基本であった。しかし、この新ターミナルはその常識を覆すもので、豪華で広いターミナルは多くの店舗で賑わい、無料のラウンジやエアアジア専用のプレミアムラウンジ、スパ、バー、ホテルなどの施設を備えており、世界の上位空港と遜色ない施設である。東南アジアにおいてもＫＬＩＡⅡはまだ特異な例かもしれないが、少なくともこのターミナルが供用された背景には、東南アジアの人々のＦＳＣとＬＣＣをあまり区別しないという志向が存在するのではないだろうか。

以上４つの例から、ＬＣＣにより親しみをもち、ＦＳＣとの区別意識も薄い東南アジアでは、その志向がＬＣＣのシェア、長距離路線への進出、ビジネスクラスの導入、空港の整備といった、見て取れる形態に直接影響している様子がうかがえる。総合して考えると、欧州と東南アジア間でのＬＣＣ成立背景の違いが、その志向に変化をもたらし、最終的に目に見える形態に差を生じさせるということが示された。

日本への応用の可能性

ここまで、ＬＣＣ成立背景の違いが、人々の志向、そしてＬＣＣの形態に差を生じさせることについて述べてきた。そこで、日本のＬＣＣをこのモデルに当てはめて考えてみる。本格的なＬＣＣであるピーチ・アビエーション、ジェットスター・ジャパン、エアアジア・ジャパンという3社が就航したのは２０１２年である。そして２０１４年3月の旅客数に占める国内線ＬＣＣシェアは７・５％と、いまだ勃興期である日本のＬＣＣの現状、そしてこれからについて、これまでに述べたモデルの見地から論じていきたい。

まず、日本におけるＬＣＣ成立背景は欧州型といって間違いないだろう。経済水準や飛行機の身近さからして想像がつくが、１９９０年代半ばより航空旅客需要は飽和状態にある。ＬＣＣが就航した２０１２年までに日本では飛行機、つまりＦＳＣが定着しており、ＬＣＣはＦＳＣが浸透した上で登場した。つまり欧州型である。

次に、ＬＣＣに対する志向についてだが、先ほどの欧州型の成立背景からして欧州型の志向になることが想像できる。そして実際にアンケートをとってみた結果だが、サービスに関しては満足以上の回答が10％（欧州で5％、東南アジアで35％）、不満以下の回答が68・４％（欧州で55％、東南アジアで20％）、価格に関しては満足以上の回答が91・7％（欧州で85％、東南アジアで70％）となった（**図表1－13**）。

予算に余裕がある際にFSCとLCCのいずれを選ぶかという質問では、LCCを選択したのが23・3％（欧州で25％、東南アジアで40％）となった（**図表1－14**）。これはFSCと比較した際に、LCCのサービスには不満を抱きながらも、その価格の安さから選択しているという欧州型の志向に近い形といえ、

図表1－13　日本・欧州・東南アジアでの比較（その1）

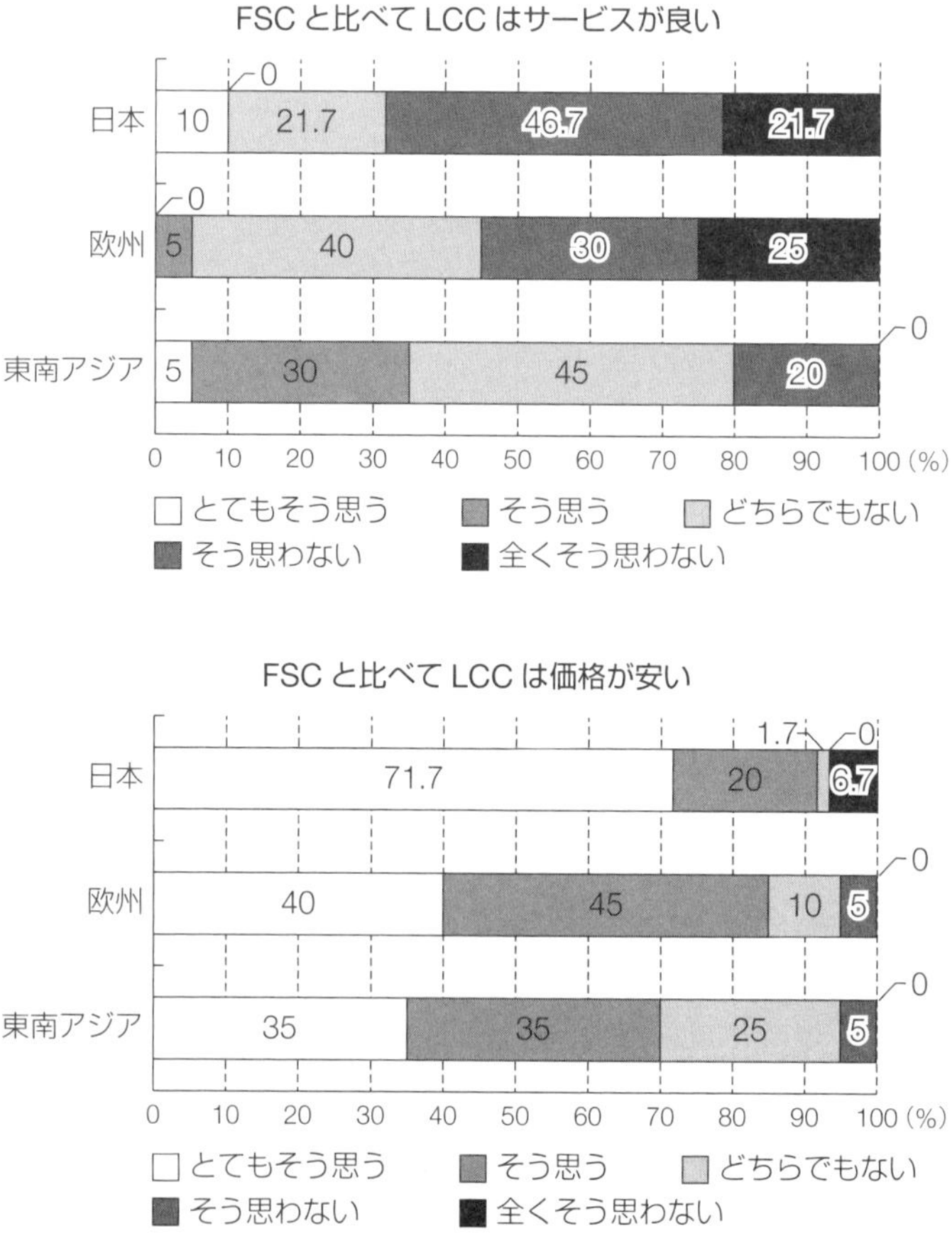

出所：筆者作成

LCC成立背景が志向に直結している様子も見て取れるだろう。また、LCCを信頼できるかという項目に関しては欧州、東南アジア両地域を大きく下回るものとなり、信頼できると答えた人は13・3％（欧州35％、東南アジア40％）、信頼できないと答えた人は65％（欧州30％、東南アジア25％）という結果であった（**図表1－14**）。

この項目に関しては欧州と東南アジア間では大きな差がないことから、LCC

図表1−14　日本・欧州・東南アジアでの比較（その2）

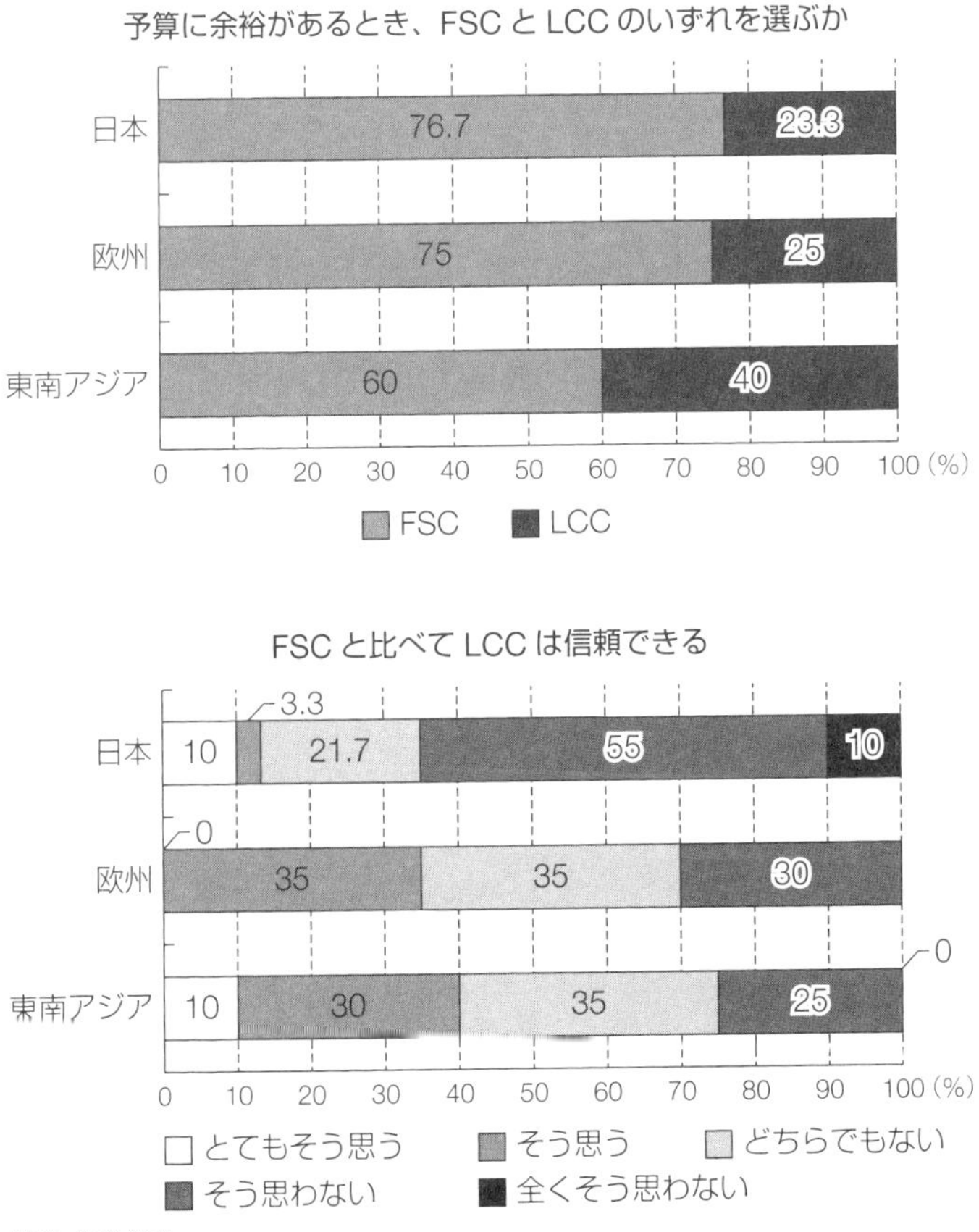

出所：筆者作成

への信頼性は経年とともに上昇していくと推測される。それとともに、信頼を集めることがLCCのシェア上昇に直結していくと考えられる。

最後にLCCの形態についても、前述した成立背景と志向から欧州型になることが予想される。実際に日本に拠点を置くLCCに限って見ると、運航は短距離（2000km以下）の国内線やソウル線、中距離（2000～4500km）の香港線や台北線といったように、長距離には進出しておらず、ビジネスクラスの導入もないなど、その形態はやはり欧州型である。

ただし、日本を100％欧州型と断言することはできない。日本にはエアアジアグループやスクートといった長距離かつビジネスクラスをもつ東南アジア型のLCCが就航しているからである。現時点では、日本人の78％がLCCに乗っても良い時間を5時間（日本拠点のLCC最長路線成田↓香港に匹敵）までとしている点や、エアアジアXとスクートに対するそれぞれ19・7％、7・8％という認知率、さらにこれら東南アジア型のLCCよりも短距離かつ知名度の高いピーチ・アビエーションのソウル便で5割、台北、香港便で6割という利用者の外国人率から、主に東南アジア型のLCCは外国人向けになっていると推測される（JTB総合研究所　2014、リクルートライフスタイル　2014、日本経済新聞2013）。ただし、国際線LCCを利用した日本人の78・1％が満足を示し、72・6％が今後もLCCをFSCよりも優先、もしくは並列して考えると答えており、東南アジア型のLCCであるスクートなどがツアーに利用されている現状も踏まえると、東南アジア型のLCCは日本人にも普及していく可能性はもっているといえる（リクルートライフスタイル　２０１４）。以上のことから考えると日本のＬＣＣは、日本人の志向から生じた日本人向けの欧州型と、東南アジアの人々の志向から生じた外国人向けの東南アジア型が共存している現状から、徐々に日本人にも東南アジア型が浸透していくという、「背景→志向→形態」という流れと「形態→志向→形態」という流れを併せもつモデルになると予想される。具体的には、まず近距離路線（国内・東アジア便）のシェアが欧州に近付いていくだろう。そして、東南アジア独特の中長距離路線は、東南アジアに拠点を置くＬＣＣによって、サービスに不満を抱きつつ徐々に浸透していき、ある程度の日本人需要が得られるようになれば、国産ＬＣＣがサービスを抑えた形態（ビジネスクラスなどのない欧州型）で就航するのではないだろうか。

6　ＵＸを裏付ける背景とは

以上、同じ業界でもＵＸが多様化していく様子をホテル、ＥＣ、コンビニエンスストア、ＬＣＣを通じて述べてきたが、これら４つの例を通して見ることで、ＵＸに違いが生まれてくる過程に関して、ある共通のフレームが見えてきた。社会構造や歴史・文化などの背景に違いが生じることで、消費者の求めるUXに違いが生じ、最終的には提供される商品・サービス、そして市場形態にも違いが生じてくるのである。それが「背景↓求めるUX↓商品・サービス・市場」というフレームである。

振り返ってみると、ホテル、EC、LCCにおいては、欧米とアジアで背景が異なることで、求めるUX、そして商品・サービス、市場に違いが生じていた。まずホテルに関しては、米国と日本の宿泊施設の成立背景の違いや、チップという文化の有無によって、米国では対価に見合ったサービスが、日本では高水準な基礎や精神的サービスがそれぞれ求められるようになった。さらに、米国では価格によってサービスに開きがあるホテル形態が、日本では高水準なエコノミーホテルやおもてなしの充実したホテルがそれぞれ成立している。

次にECに関しては、欧米とアジアでECに対する信用度が異なっており、ECへの信頼度が高い欧米では、システムの効率化を追求するAmazonなどの小売型サイト、ECへの信頼度が低いアジアでは、信頼を追求・醸成する地場のモール型サイトという異なるサービスが生じている。

また、コンビニエンスストアや日本のLCCにおいては、ある商品・サービスが導入される際に、導入元の地域との背景の近さによって、導入すべき商品・サービスを選択していた。まずコンビニエンスストアに関しては、日本とタイで、外でコーヒーを飲むという背景が近似していたことから、タイでは日本のコンビニコーヒーがすぐに導入されたが、人口動態やインターネットインフラなどの背景は異なっているため、日本ですでに提供されている高齢者向けサービスやネットショッピングや高品質な中食の導入は遅れている。日本におけるLCCに関しては、欧州と日本でFSCの定着度という背景が近似していたことから、日本には欧州に近いLCCの形態が導入されたが、その背景が異なる東南アジアの形態は導入が遅れていることが明らかになった。

4つのケースの全てが「背景→求めるUX→商品・サービス・市場」フレームに当てはまる。それゆえ、企業が新たな商品・サービスを提供する際、背景の追究がいかに重要となるか理解できるだろう。企業は市場を分析する場合、その時点での消費行動を探るだけではなく、求められるUXを形成するに至る背景にまで迫る必要があるのである。

参考文献

一般社団法人日本フランチャイズチェーン協会「統計データ」一般社団法人日本フランチャイズチェーン協会ホームページ（http://www.jfa-fc.or.jp/particle/19.html）（2016年9月12日閲覧）。

伊藤翼（2008）「タイ食文化の変容を通して豊かさを問う〜森の中にある伝統文化の再考〜」國學院大學経済学部サイト（http://kgi.tokyo.jp/fur/thai2005-1/thaif2-1.htm）（2016年8月25日閲覧）。

木村吾郎（2006）『日本のホテル産業100年史』明石書店。

木村吾郎（2010）『旅館業の変遷史論考』福村出版。

桐山秀樹（2014）『じつは「おもてなし」がなっていない日本のホテル』PHP新書。

クリス・アンダーソン著（篠森ゆりこ訳）（２００６）『ロングテール―「売れない商品」を宝の山に変える新戦略―』ハヤカワ・ノンフィクション文庫。

経済産業省（２０１４）「平成25年度 我が国経済社会の情報化・サービス化に係る基盤整備（電子商取引に関する市場調査）報告書」８月、芸材産業省ホームページ（http://www.meti.go.jp/press/2014/08/20140826001/20140826001-4.pdf）（２０１６年８月25日閲覧）。

櫻井義秀（２０１４）「食文化から考えるタイ社会」ＦＦＩジャーナル編集委員会、北海道大学大学院文学研究科 櫻井義秀ウェブサイト（http://www.hucc.hokudai.ac.jp/~n16260/archive/pdf2005/040720foodandcultureofthailand.pdf）（２０１６年８月25日閲覧）。

サントリー不易流行研究所（２００１）「これからの家族のために―家族に関する国際調査報告書―」サントリー不易流行研究所。

週刊ワイズ（２０１３）「第１７１回 タイの通販サイトその好況と課題」。

主婦連（２０１４）「主婦連のあゆみ」（http://shufuren.net/modules/tinyd4/）（２０１６年８月25日閲覧）。

セブン&ホールディングス（２０１６）「事業概要―貸家向けデータブック（２０１５年度版）―」２０１６年２月期（http://www.7andi.com/dbps_data/_template_/_user_/_SITE_/localhost/_res/ir/library/co/pdf/2016_all.pdf）（２０１６年9月12日閲覧）。

総務省（１９９９、２０１５）「人口推計」（http://www.stat.go.jp/data/jinsui/）（２０１６年9月12日閲覧）。

総務省（２０１２）「通信利用動向調査（世帯編）平成23年度報告書」総務省 情報通信統計データベース（http://www.soumu.go.jp/johotsusintokei/statistics/statistics05b1.html）（２０１６年８月25日閲覧）。

電子商取引推進センター（２００５）「平成17年度 ＥＣの国際化の推進に関する調査研究 海外におけるＥＣ推進状況調査報告書 ２００５」３月、一般社団法人日本情報経済社会推進協会ホームページ（http://www.jipdec.or.jp/archives/publications/J0004242）（２０１６年８月25日閲覧）。

日本経済新聞（２０１４）「セブンイレブン、タイで独自進化　屋台と共存共栄」８月２日。

日本経済新聞電子版（２０１３）「お好み焼き、空を飛ぶＬＣＣの攻勢（ルポ迫真）」11月21日（http://www.nikkei.com/article/DGXNZO62905200R21C13A1SHA000/）（２０１６年８月25日閲覧）。

マルコム・トンプソン（２００７）『日本が教えてくれるホスピタリティの神髄』祥伝社。

リサーチバンク（２０１４）「ネット通販を利用したことがある消費者は90％超え！　消費者が求める通販商品を徹底調査！」（https://www.value-press.com/pressrelease/130511）（２０１６年８月25日閲覧）。

リクルートライフスタイル（２０１４）「国際線ＬＣＣ利用意向と消費者にする調査」６月２日、リクルートライフスタイルホームページ（http://www.recruit-lifestyle.co.jp/news/2014/05/30/LCC_2014_20140602.pdf）（２０１６年８月25日閲覧）。

Air Asia（２０１３）「Preliminary Operating Statistics For The 4th Quarter and　Full Financial Year Ended 2013」Air Asia.com（http://www.airasia.com/iwov-resources/my/common/pdf/AirAsia/IR/Preliminary_Operating_Statistics_4Q13.pdf）（２０１６年８月25日閲覧）。

eMarketer（２０１０）「Good Service Key for UK Online Shoppers」eMarketerホームページ（http://www.emarketer.com/article.aspx?R=1007666&RewroteTitle=1）（２０１６年８月25日閲覧）。

Google（２０１３）「Our Mobile Planet」（２０１６年９月12日閲覧）。

HighCharts FreQuent（２０１５）「【主要10社】コンビニの国内店舗数推移をグラフ化（１９８３年～）」（http://frequ2156.blog.fc2.com/blog-entry-106.html）（２０１６年９月12日閲覧）。

IATA（２０１４）「World Air Transport Statistics 2014」。

IMF（２０１４）「World Economic and Financial Surveys World Economic Outlook Database」International Monetary Fundホームページ（http://www.imf.org/external/pubs/ft/weo/2014/01/weodata/index.aspx）（２０１６年８月25日閲覧）。

JADC（２０１４）「航空機関連データⅠ．航空輸送の推移と現状」一般財団法人日本航空機開発協会ホームページ（http://www.jadc.jp/files/topics/38_ext_01_0.pdf）（２０１６年８月25日閲覧）。

JADC（２０１４）「航空機関連データ Ⅳ．航空会社」一般財団法人日本航空機開発協会ホームページ（http://www.jadc.jp/files/topics/41_ext_01_0.pdf）（２０１６年８月25日閲覧）。

JADC（２０１４）「民間航空機に関する市場予測２０１４－２０３３」。

JETRO（２０１０）「タイにおけるインターネット市場と日本のファッション製品、伝統産品の輸出可能性出可能性」に関する市場調査（ネット販売の可能性を中心に）」３月、日本貿易振興機構ホームページ（https://www.jetro.go.jp/jfile/report/07000289/thailand_internet.pdf）（２０１６年８月25日閲覧）。

JETRO（２０１４）「欧州ｅコマースの現状と企業の活用事例」５月、日本貿易振興機構ホームページ（http://www.jetro.go.jp/jfile/report/07001732/07001732.pdf）（２０１６年８月25日閲覧）。

JETRO（２０１４）「日本食品に対する海外消費者アンケート調査―バンコク編―」日本貿易振興機構ホームページ（https://www.jetro.go.jp/jfile/report/07001595/bangkok.pdf）（２０１６年８月25日閲覧）。

JETRO（２０１４）「平成25年度 タイのダイレクト・マーケティング市場調査（テレビ通販・カタログ通販・ＥＣ）」３月、日本貿易振興機構ホームページ（http://www.jetro.go.jp/jfile/report/07001663/report.pdf）（２０１６年８月25日閲覧）。

JIPA（日本インターネット相互会）「チップの預け方～相場や文化について」（http://tiptrik.com/）（２０１６年８月25日閲覧）。

JTB総合研究所（２０１４）「ＬＣＣ利用者の意識と行動調査２０１４」７月30日、ＪＴＢ総合研究所ホームページ（http://www.tourism.jp/wp/wp-content/uploads/2014/07/research_140730_lcc-20141.pdf）（２０１６年８月25日閲覧）。

SankeiBiz（２０１３）「タイで勢い増すコンビニ業界 今後５～10年で３万店到達も」４月30日（http://www.sankeibiz.

jp/macro/news/130430/mcb1304300801024-n1.htm)（２０１６年８月25日閲覧）。

SankeiBiz（２０１４）「コンビニ出店計画で格差鮮明　好調セブン１６００店新設、ファミマは下方修正」10月27日（http://www.sankeibiz.jp/business/news/141027/bsd1410270500003-n1.htm)（２０１６年８月25日閲覧）。

The World Bank「Indicators」(http://data.worldbank.org/indicator)（２０１６年９月12日閲覧）。

ZEROSTART（２０１４）「ＥＣサイト内検索に関する意識調査サイト内検索結果で94％「該当０件」表示を経験「根気よく検索」は５％、「別サイトで購買」は59％」５月14日（http://zero-start.jp/2014/0514/7472)（２０１６年８月25日閲覧）。

第2章

学び2：コンシューマーインサイトを用いたマーケティング

1 コンシューマーインサイトを用いて消費者を捉えよ

第1章では、ＵＸ（消費者の経験）という視点から消費者を捉えて、日本企業が各業界でいかに優れた経験価値を提供して事業活動をすべきかを解説してきた。本章では「消費者をどうやって捉えるか」という観点から話を進め、日本企業が本当の消費者像を導き出した上で、適切にマーケティング戦略を構築するための方策を示す。その際、我々が提唱する消費者の捉え方の1つが「コンシューマー（消費者）インサイト」である。コンシューマーインサイトの概念に基づいた新興国マーケティングとはどのようなものか、そしてそのようなマーケティングの実践例はどのようなものか、という点を中心に議論を進めていく。

そもそも、コンシューマーインサイトとは具体的にはどのような概念なのだろうか。コンシューマーインサイトは、消費者の「実際の消費行動」を丹念に追っていき、消費行動の背景や理由まで深く探ることで、その核心・本質を理解し、それをマーケティング戦略に利用するという手法・概念のことである。つまり、消費者の消費行動の背景まで深く探ることを目的としている。このように、コンシューマーインサイトによって、企業は従来とは異なった捉え方で消費者を大きく捉え直すことが可能になるのである。

2 ローカル化戦略の一歩先へ―ローカルフィット戦略の可能性―

本節では、まず「コンシューマーインサイトを利用した1つのマーケティング戦略」という観点から、日本企業が新興国市場を攻略する上で必要な事項として、「ローカルフィット戦略」を提案する。近年、日本企業が多様な消費者によって構成された新興国市場を攻略する上で、現地のローカル事情に適合したマーケティング戦略の必要性は徐々に高まってきている。つまり、現地の消費者の生活上の慣習や文化、さらには彼らの消費行動などを深く洞察した上で、それらに上手くフィット（適合）させたマーケティング戦略が日本企業には求められているのである。本節では、このようなマーケティング戦略をローカルフィット戦略と名付け、ローカルフィット戦略を理論面のみならず、具体的な企業の取り組みを交えながら捉えていく。その上で、日本企業が新興国市場において実際にローカルフィット戦略を策定・実行する上で有用となり得る事項を提示する。

ローカルフィット戦略とは何か

そもそも、多くの方は「ローカル化戦略」という用語を耳にしたことはあっても、「ローカルフィット戦略」という用語は聞いたことがないであろう。我々が提唱するローカルフィット戦略は、従来のローカル化戦略とは異なるものである。

図表2－1からも分かるように、従来のローカル化戦略とローカルフィット戦略とでは企業が焦点を当てる部分が大きく異なる。一般的に、日本企業が考えるローカル化戦略では現地人材の活用に焦点が当たることが多い（**図表2－2**）。なぜなら、現地支社において現地の人々に経営に参画してもらうことによって、その国特有の事情を反映したマーケティング戦略を立案することができると考えられているからである。しかし、そうした意図が存在するにも関わらず、マーケティング戦略は日本で運用されているものをそのまま現地市場に持ち込む動きが見られる。つまり、「ローカル化戦略」では経営のローカル化は進んでいるものの、マーケティング戦略をローカル化させる動きがあまり存在していないのである。こうした潮流の背景として、日本企業は現地人材の登用が自己目的化してしまい、彼らの採用・登用段階で満足してしまう状況がある。そのため、多くの日本企業は現地人材を登用したとしても、製品戦略や価格戦略はあくまでも日本で運用されているものをそのまま現地に適用してしまうのである。したがって、現地で販

図表 2-1　従来のローカル化戦略とローカルフィット戦略の比較

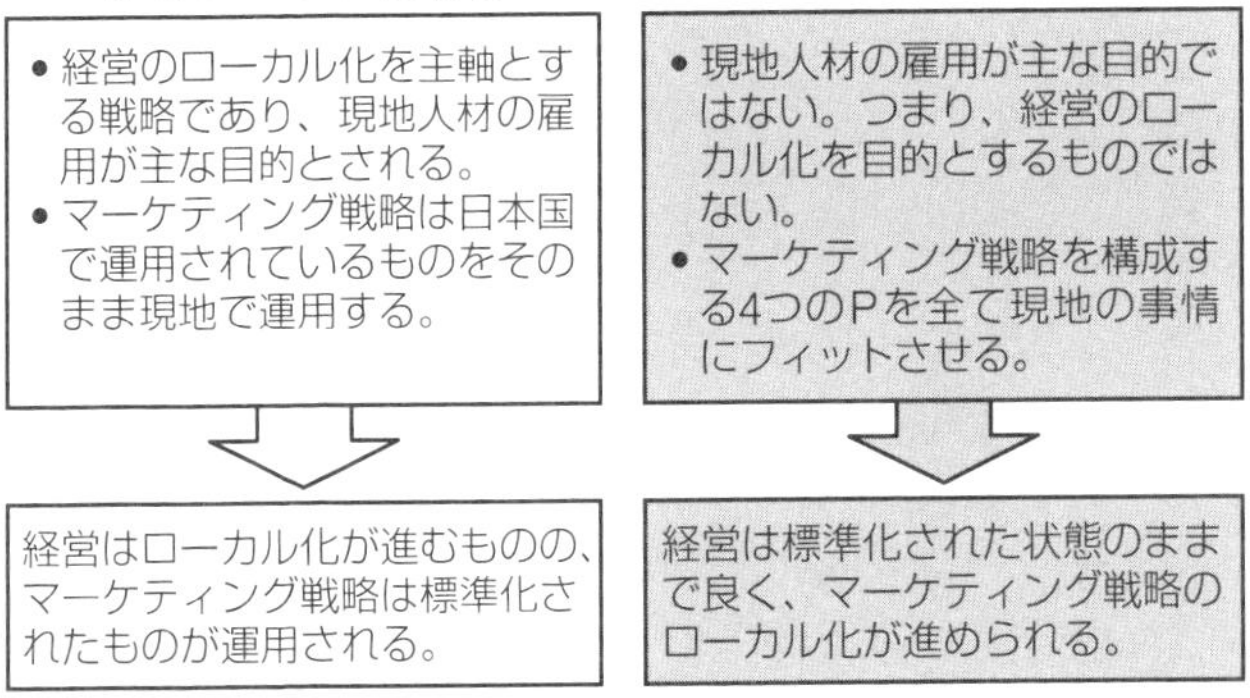

従来のローカル化戦略	ローカルフィット戦略
● 経営のローカル化を主軸とする戦略であり、現地人材の雇用が主な目的とされる。 ● マーケティング戦略は日本国で運用されているものをそのまま現地で運用する。	● 現地人材の雇用が主な目的ではない。つまり、経営のローカル化を目的とするものではない。 ● マーケティング戦略を構成する4つのPを全て現地の事情にフィットさせる。

経営はローカル化が進むものの、マーケティング戦略は標準化されたものが運用される。	経営は標準化された状態のままで良く、マーケティング戦略のローカル化が進められる。

出所：筆者作成

図 2-2　経営の現地化を進めるための取り組み（複数回答）

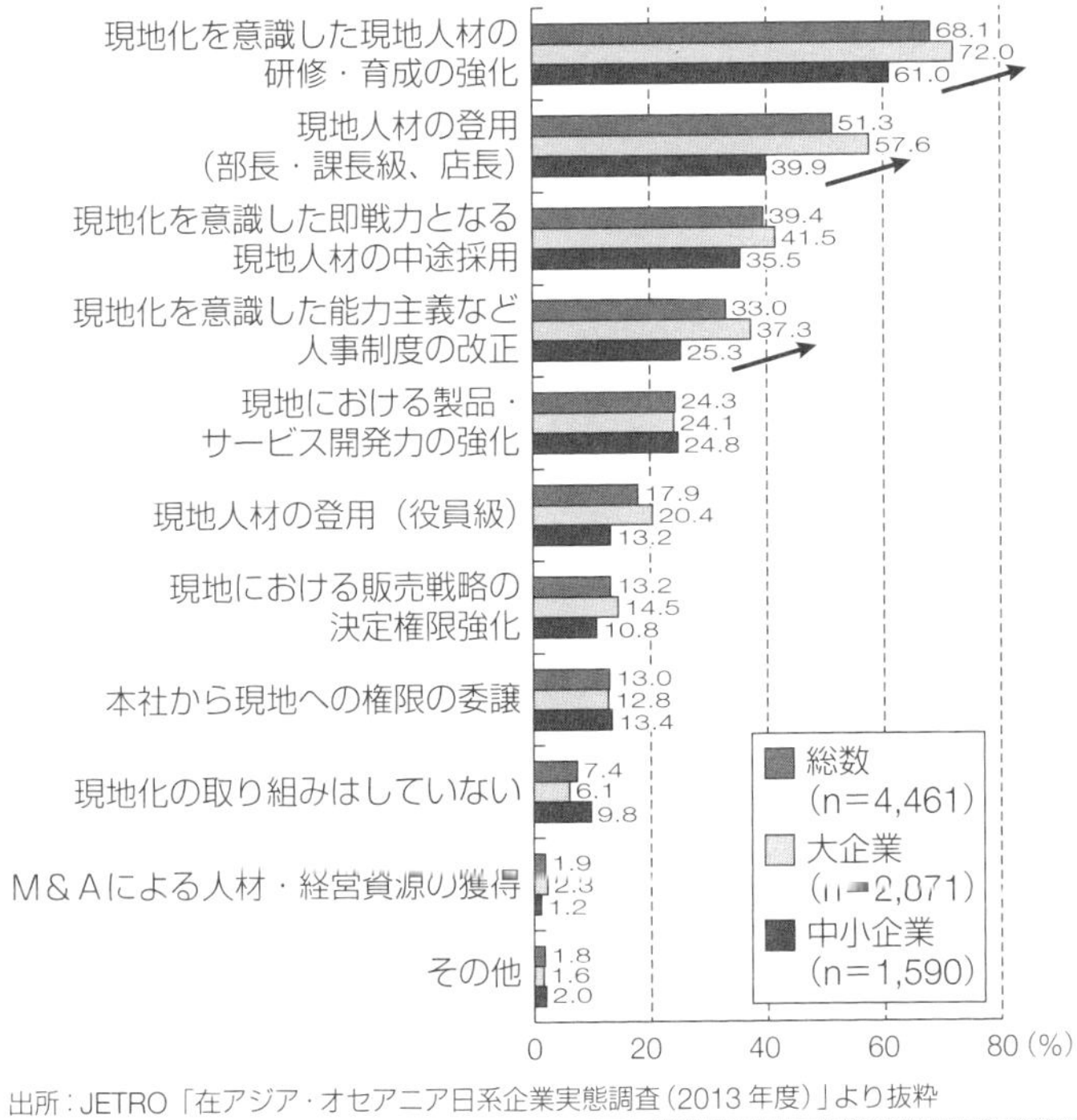

出所：JETRO「在アジア・オセアニア日系企業実態調査（2013 年度）」より抜粋

売する製品の機能や仕様、さらには売り方やプロモーションなど、マーケティング戦略を現地の事情にフィットさせようとする動きは、「ローカル化戦略」の実行段階ではあまり見受けられない。

それに対して、我々が提唱する「ローカルフィット戦略」は経営のローカル化を主眼とするわけではなく、マーケティング戦略を構成する4つの要素、つまりProduct（製品）、Price（価格）、Promotion（販売促進）、Place（場所）を現地の事情に的確にフィットさせることに焦点を当てる。したがって、ローカルフィット戦略においては、製品やプロモーションなどの点において「従来の日本でのやり方」をそのまま持ち込むということはほとんどない。むしろ、これらの要素を現地の事情にフィットさせるために大幅に変更してしまうことこそが、「ローカルフィット戦略」の神髄である。

さらに重要なことは、ローカルフィット戦略においては、上述のように現地人材の登用を行う必要は必ずしもないということである。「現地の事情にフィットさせるマーケティング戦略であるから、そうした戦略の策定・実践には現地人材が一番適しているのではないか」という意見もあるだろう。もちろん、現地人材を登用すること自体がローカルフィット戦略の実行において無駄であるとはいえない。しかし、現地の事情にフィットさせる戦略であるからといって、必ず現地人材を登用しなければならないわけではない。仮に日本人であっても、現地の消費者に対する深い洞察を行って、その上でローカルフィット戦略を策定して実行に移していくことは十分に可能であるからだ。例えば、「ローカルフィット戦略」の実行によって、インドや中国などの新興国市場で業績を伸ばし続けてきた韓国のサムスン電子は、現地人材の登用が主要な成功要因になっているわけではない。現地支社の各部門のトップの多くは韓国人が占めており、現地人材が積極的に意思決定に関与している様子は見受けられない。つまり、彼らのローカルフィット戦略においては、新興国の消費者の生活習慣や文化にフィットした製品やプロモーションの開発の方が、主要な成功要因であったといえる。

なぜ今ローカルフィット戦略なのか

新興国市場におけるマーケティング戦略の1つとしてローカルフィット戦略の重要性が高まっている背景には、従来の日本企業のマーケティング戦略が新興国市場で通用しなくなってきていることがある。いわゆる「高品質・高機能のみで勝負するやり方」に限界がきているのだと考えられる。

図表2-3のように、従来の日本企業は「高品質で高機能な日本ブランド製品」を強みとして海外市場を攻略してきた。特に、日本企業が最初に進出したアメリカなどの先進国市場においては、こうした強みを活かしたマーケティング戦略が業績アップに貢献したといえるだろう。このように、日本企業が先進国市場を主戦場としていた時代は、日本の高品質な製品が現地の消費者に受け入れられることが多かった。これは、日本企業が地道にコスト削減の努力を重ねながら品質の向上に努めてきた結果でもある。その一方で、日本企業の中では、「高機能で品質が良い日本製のモノなら売れるはずだ」という意識が次第に醸成されてきたともいえるだろう。

２０００年代に入ると、アジア新興国を中心とする新興国市場が新しい有望なマーケットとして世界的に注目されるようになってきた。これまで日本企業にとっては生産地としての役割が大きかった新興国が、この時期になると巨大な消費市場として台頭してきたのである。こうした状況下で、日本を含む各国の企業が新興国に次々に進出して、現地で事業を行う動きを加速させた。しかし、進出が好調な欧米企業や韓国企業の影で、日本企業は新興国市場で苦戦を強いられることが多かった。なぜなら、日本企業がこれまで強みとしてきた日本ブランドの製品は、現地の消費者の目には「過剰品質で必要のない機能が付いている製品」「他の外資ブランドに比べて無駄に価格が高くて手が届かない製品」にしか見えなかったからである。それでは、なぜ日本企業は現地の事情を考慮しない状態で、新興国市場で過剰品質かつ高価格な製品を販売してしまったのだろうか。

図表 2-3　日本企業の海外事業の変遷

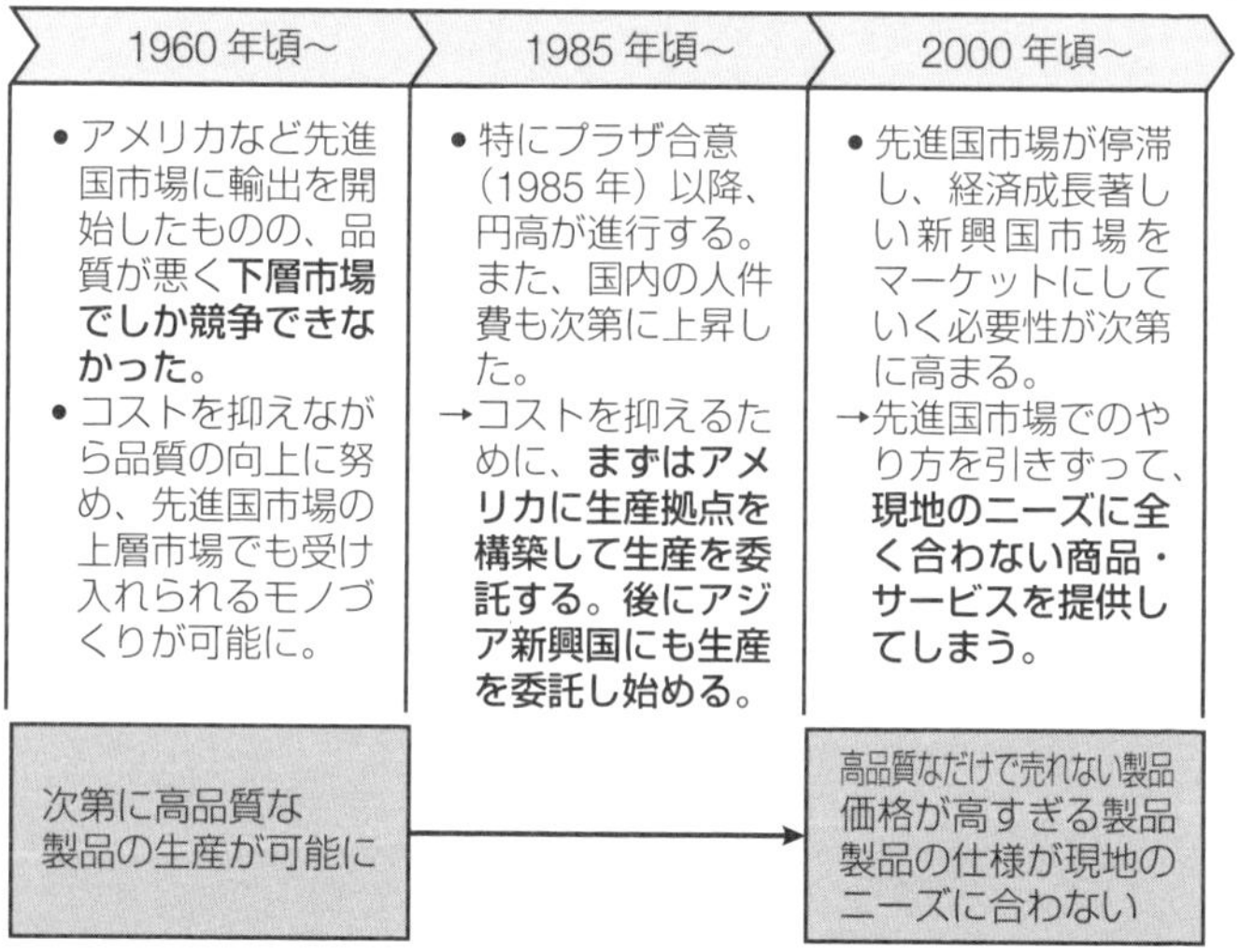

1960年頃〜	1985年頃〜	2000年頃〜
・アメリカなど先進国市場に輸出を開始したものの、品質が悪く**下層市場でしか競争できなかった**。 ・コストを抑えながら品質の向上に努め、先進国市場の上層市場でも受け入れられるモノづくりが可能に。	・特にプラザ合意（1985年）以降、円高が進行する。また、国内の人件費も次第に上昇した。 →コストを抑えるために、**まずはアメリカに生産拠点を構築して生産を委託する。後にアジア新興国にも生産を委託し始める**。	・先進国市場が停滞し、経済成長著しい新興国市場をマーケットにしていく必要性が次第に高まる。 →先進国市場でのやり方を引きずって、**現地のニーズに全く合わない商品・サービスを提供してしまう**。
次第に高品質な製品の生産が可能に		高品質だけで売れない製品 価格が高すぎる製品 製品の仕様が現地のニーズに合わない

出所：新宅純二郎（2009）「新興国市場開拓に向けた日本企業の課題と戦略」を参考に筆者が作成

この理由に関しては、前述のように日本企業の中で醸成された「日本製の良いモノなら売れる」という意識が大きいと我々は考える。日本企業は新興国市場を単に「低所得者層で構成される消費市場」として捉えてしまったため、従来の製品の機能をそぎ落として値段を少し下げただけのものであっても、「日本ブランドの製品なら売れる」と思い込んでしまう傾向があったのである。つまり、単純な認識の下で先進国市場でのやり方をそのまま新興国市場でも適用したことが、成長の速い新興国市場での日本企業の出遅れの原因であると考えられる。

日本企業がこれまで主戦場としてきた欧米の先進諸国は、消費者の所得水準や生活水準が日本市場と似通っていた。さらに、社会インフラの整備も整っているなど、社会的な事情も日本のそれと比較的似通った部分が多い市場であるといえるだろう。そのため、日本製の高品質な製品が現地の消費者にそのまま受け入れられやすい環境であったと考えられる。それに対して、新興国市場は急速に経済成長している市場が多いとはいえ、消費者の所得水準や生活水準は日本と比較してもまだまだ低い。さらに、社会インフラ整備の遅れや、耐久消費財がまだまだ普及の途中段階にあることなどから、社会的事情も日本などの先進国市場のそれとは大きく異なっている。そのため、新興国市場で求められる製品や販売チャネル、プロモーションなどは、思い切って現地の事情にフィットさせることが必要なのである。このように、新興国市場においては、現地の市場を構成する消費者を洞察した上で現地市場に深く入り込み、現地消費者の事情にフィットした「ローカルフィット戦略」を構築していく取り組みが必要なのである。

「ローカルフィット戦略」の成功例から学ベ―タイ味の素の取り組みを例に―

日本企業が新興国市場において「ローカルフィット戦略」を確実に実践していくためには、日本企業が抱える様々な課題を解決していかなくてはならない。例えば、日本企業の場合、海外の現地支社の意思決定において現地側には十分な権限は存在せず、どうしても本社側の意向をうかがいながら意思決定しなくてはならない傾向がある。これは、日本企業が「ローカルフィット戦略」を実践していく上では障害になると考えられる事項の1つである。前述のように、「ローカルフィット戦略」は新興国市場の事情にフィットするように構築されるマーケティング戦略である。そのため、現地支社の人間たちにとっては納得のいく戦略であっても、現地の事情に疎い本社側の人間にとっては理解を示しにくい戦略であることがある。したがって、本社側の人間は「ローカルフィット戦略」の実行に必要な製品開発などを軽視する可能性があり、結果的に「ローカルフィット戦略」を実行に移せなくなることがある。

ここで、我々が2014年度9月に挙行したタイ研修の際に、実際に取材したタイ味の素社の取り組みを紹介し、彼らが「ローカルフィット戦略」の運用に成功している背景を探り出すことにしよう。

味の素は世界27ヵ国・地域（日本を含む）に事業展開しており、積極的な海外展開を進めている。さらに、海外食品事業についても2004年度比で2013年度の売上高は約2・3倍（全社売上高比31％）、営業利益は3・6倍（全社営業利益比40％）にまで成長している。このように、味の素は海外食品事業において積極的な展開を行い、なおかつ成功している企業であるといえるだろう。ここでは、こうした味の素の海外現地法人の1つであるタイ味の素社の取り組みに焦点を当て、彼らが「ローカルフィット戦略」の実践に成功していることを示した上で、その成功要因を探る。

味の素がターゲットとする市場の中でも、タイを含むアジア圏は特に重要な市場になってきている。2013年度時点で、地域別売上高の内アジアが77％を占めており、東南アジア主要国の営業利益率（円ベース）は毎年10％以上を記録している。その中でも、風味調味料に関しては販売地域の26％をタイが占めており、インドネシアと並んで1位に位置している。さらに、タイ味の素社は味の素のASEAN本部としての機能も兼ね備えており、味の素社がタイを中心とするアジア新興国を重要市場として位置付けている。ここでは、タイ市場に特化した風味調味料ROSDEEと缶コーヒーBirdy®に着目したい。

風味調味料ROSDEEは、肉とスパイスがブレンドされ、タイ料理で大事な香りと味が絶妙なバランスの風味調味料になっている。Birdy®についても、味がかなり甘めになっており、これもタイの消費者の味覚に適合したコーヒーになっている。タイ味の素社によると、こうした現地人の味覚に適合した製品開発は現地の食文化への徹底した理解と研究を基にして行われているという。こうした現地の消費者の嗜好に合わせた製品は、ローカルフィット戦略における製品のローカル化の取り組みを表しているといえる。

さらに、これら2つの製品に関しては、価格・販売の面からもローカルフィットに該当するような取り組みがなされている。価格に関しては、タイの一般消費者でも買い求めることができるような価格設定がなされている。つまり、日本の企業の製品であるからといって、高価格帯に位置しているわけではないのである。販売に関しても、タイの一般消費者が普段調味料や最寄品を購入する主要チャネルである市場（ウエットマーケット）にて、主に販売を実施している。タイの消費者が日常的に利用するチャネルで製品を販売することによって、より多くのタイの消費者に味の素の製品を販売しようとしているのである。以上のように、タイ味の素社においては、「タイの消費者の事情にフィットした」マーケティング戦略が実行されている。

こうした「ローカルフィット戦略」はタイ味の素社の組織内でどのようにして策定され、実行に移されているのだろうか。タイ味の素社および味の素海外食品部に所属する方への取材を基にして、「タイ市場の消費者に特化した製品」が発案から販売に至るまでの過程を追っていき、「ローカルフィット戦略」の実践のメカニズム、そしてその成功要因に迫ってみたい。

こうしたローカルフィット製品はどのような過程を経て生まれてくるのだろうか。味の素社への聞き取り調査の結果、現地市場向けの新

図 2-4　ローカルフィット製品の開発から販売までの過程

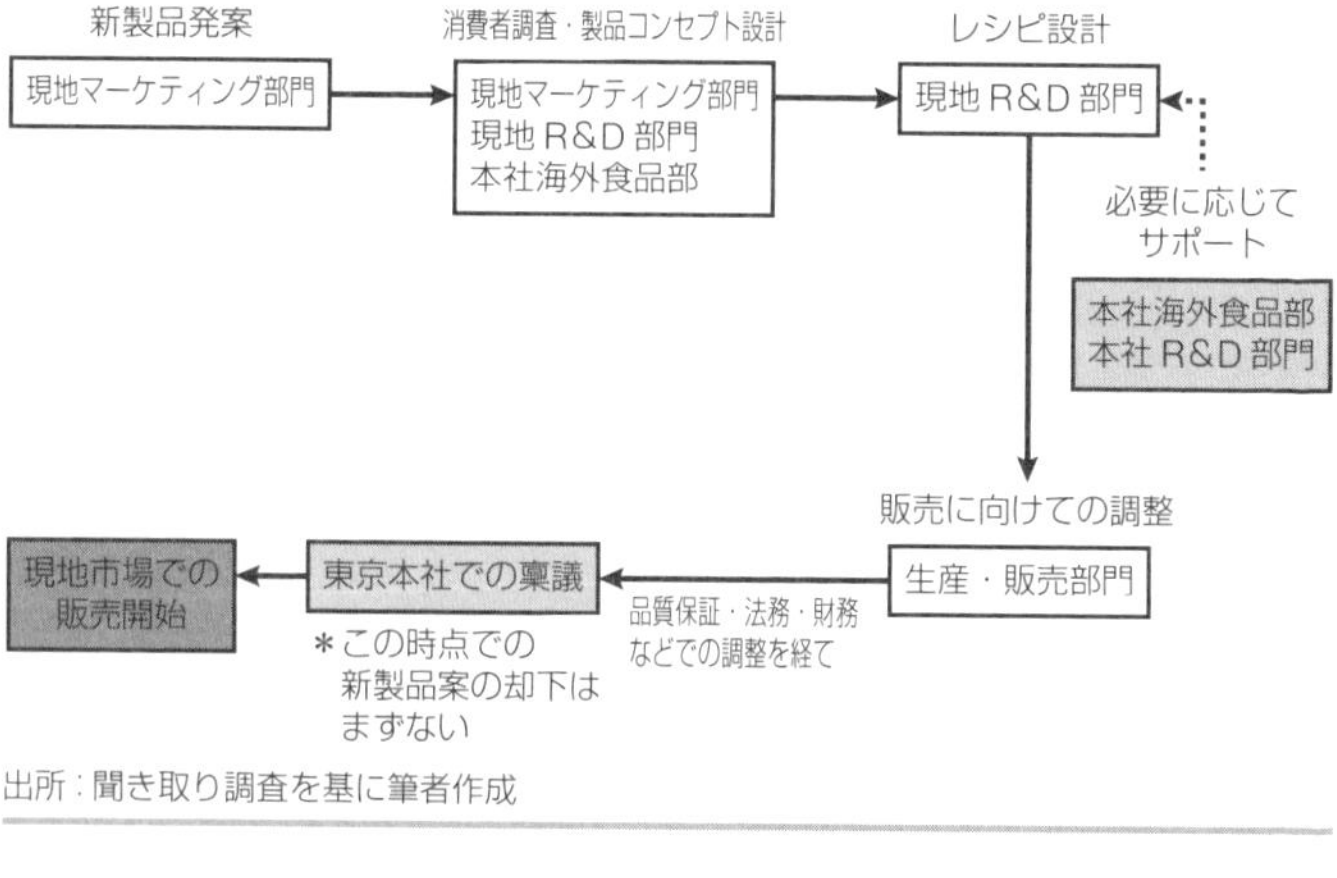

出所：聞き取り調査を基に筆者作成

製品の開発から販売までの大まかな過程は**図表2－4**のようになっていることが分かった。この過程を読み解くことで、タイ味の素社が「ローカルフィット戦略」の実践に成功している要因を浮かび上がらせることが可能になる。

まず、現地支社から提出されたローカルフィット製品案、およびそれに付随するマーケティング・プログラムが本社での稟議の段階でほとんど棄却されない点が特徴的である。味の素の場合、新製品の開発・販売に際しては、企画の段階から販売の段階まで本社と現地支社との間で緊密な連携がとられている。つまり、味の素においては、一般的な日本企業に見られる「本社が現地支社の提案を理解してくれない」「本社が現地での事業に口出ししてばかり」というような一種の対立関係が存在していないのである。むしろ、味の素では、本社の稟議の段階で現地支社と共同で製品をより良いものにしていこうという姿勢があるという。このように、本社が現地支社からの提案をしっかり受け止め、それを一緒に議論していくという関係は、ローカルフィット戦略の実践に際しては非常に重要になってくる。なぜなら、本社と現地支社との間にこのような関係が存在していないと、本社が現地支社発のローカルフィット戦略を単なる「事情の産物」として捉えてしまう可能性があるからである。味の素内で構築されている現地法人と本社の関係は、「ローカルフィット戦略」の実践のための素地であるともいえるだろう。

日本企業はどう動けば良いのか

この事例から浮かび上がってくる、今後日本企業が新興国市場で「ローカルフィット戦略」を実行していく上で有用な事項は何だろうか。重要な点を2つ提示したい。

第1に、タイ味の素社は東京の本社を「より良い製品作りおよび戦略策定のパートナー」として捉えていることが特徴的である。一般的な日本企業に見られる「現地支社が本社の顔色をうかがうような関係」はないということである。ここから分かることは、「ローカルフィット戦略」の実践に際しては、現地法人に全て任せっきりでも上手くいかないし、だからといって日本の本社がひたすらに干渉するような状態でも上手くいかないということである。この事例でも見たように、本社と現地法人との間で構築される「良い意味での緊張関係」こそが、「ローカルフィット戦略」の策定・実行に際して重要な意味をもつのである。

第2に、「ローカルフィット戦略」の実践においては、現地人だけではなく日本人も非常に重要な役割をもっているという点である。タイ味の素社においては、現地マーケティング部門やR＆D部門のマネジャーは日本人が務めている。このように、主要な意思決定における最終判断を日本人が担うことによって、本社との連携を円滑にこなし、「ローカルフィット戦略」に対する本社の理解を引き出すことが容易になる。さらに、日本人が意思決定の上層にいることで、むしろ一種の統制力が働き、行き過ぎたローカルフィットを防止することも可能になるだろう。したがって、一般的な日本企業が現在考えている「ローカル化戦略」の取り組みは、「ローカルフィット戦略」の実践に十分であるとはいえないことが分かる。何度も述べているように、現地支社において現地人材を採用すること自体は全く悪いことではない。しかし、現地人たちが働くポストはやはり慎重に考えるべきであるし、そもそも「現地人の採用＝現地化の成功・新興国事業の成功」と安易に考えるべきではない。ここまでで述べてきた「ローカルフィット戦略」を実践し、新興国事業を成功に導きたいならば、やはり現地人の採用やマネジメントには多くの注意を払う必要があるだろう。

3 ムエタイに興じる消費者はなぜいすゞ自動車に惹かれるのか

2つ目の例として、企業による「ローカルフィット戦略」の実行が進んだ結果、日本とは異なる形で愛されるタイのいすゞ自動車の姿を追っていく。いすゞ自動車は、自社が販売するトラックと、タイの国民がもつムエタイに対するイメージを掛け合わせることによって、自社のブランドの確立に成功した企業である。このいすゞ自動車の取り組みの成功のポイントは、単に「ムエタイ好き」のタイ国民として消費者を捉えただけではなく、「ムエタイ好きの消費者の行動背景・価値観」まで深く洞察してマーケティング活動を展開した点にある。こうした取り組みがタイの消費者のいすゞ自動車への支持へとつながったのである。

特異なタイの自動車市場

まず、タイの自動車市場の特徴を簡単に説明する。タイの自動車市場の特徴は、販売台数の総数の中で商用車の占める割合が非常に高いことである。**図表2－5**を見ても分かるように、自動車の販売台数の6割ほどを商用車が占めている。さらに、その商用車のほとんどが1トンピックアップと呼ばれる自動車である。タイでここまで商用車が普及した背景には、車体後部が荷台になっているため輸送に便利である点、耐久性が高いため洪水や悪路が多いタイを走る上で適している点などが挙げられる。

このようなタイ自動車市場において、トヨタ自動車に次いでシェアを確保している日系企業がいすゞ自動車である。いすゞ自動車は、1957年の大型トラックの輸入から販売部門を三菱商事に委任し、タイでの事業をスタートさせた。現在、いすゞ自動車のピックアップの開発をタイへ移管し、開発から販売に至る工程をタイ国内で完結できる体制を整備している。タイのいすゞ自動車のマーケティング部門は三菱商事傘下のトリペッチいすゞセールスが担当しており、今回取り上げるムエタイを通じたプロモーション活動もここが主導して行っている。

図表 2-5　タイの自動車市場の現状

タイ 2013 年の車型別販売台数

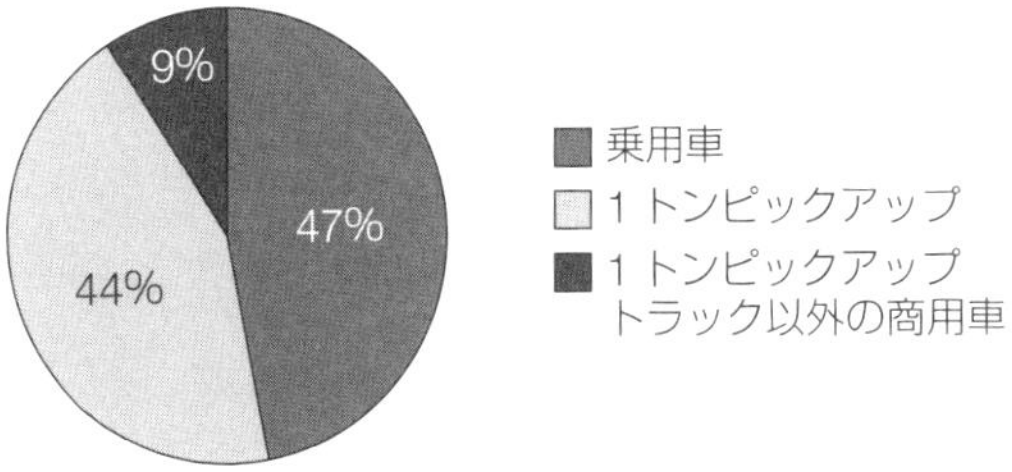

タイ 2013 年の商用車（含 1 トンピックアップ、SUV）販売台数

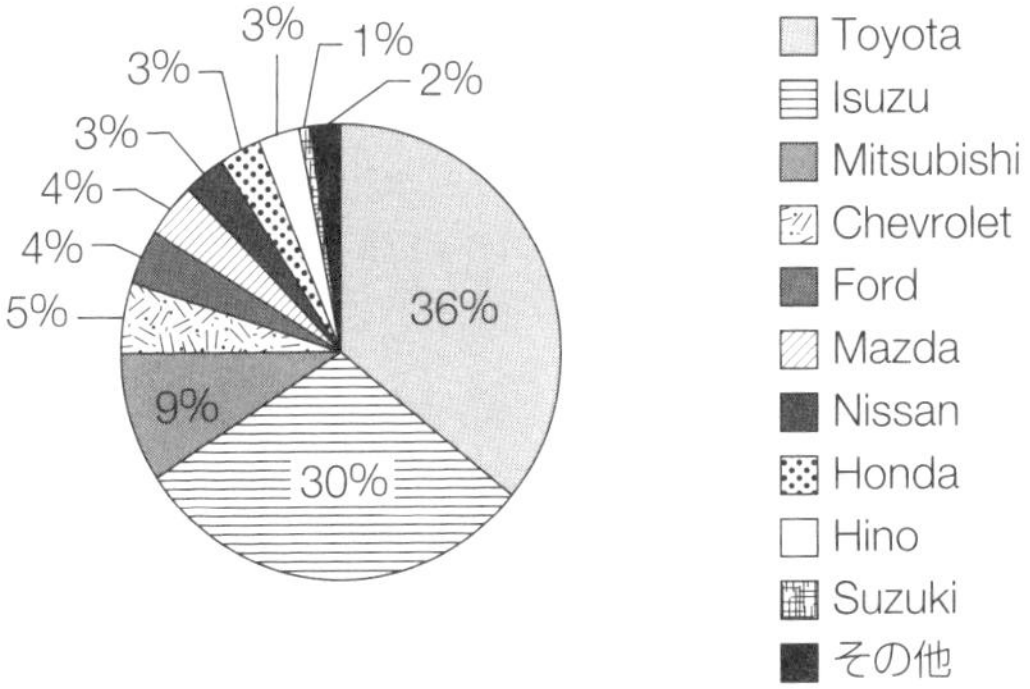

平成 25 年新車販売台数（登録車）車種別統計

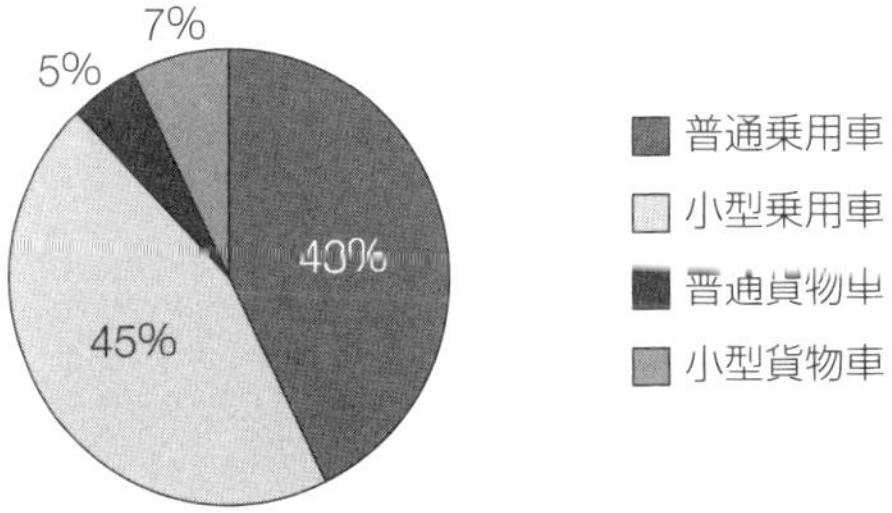

出所：自動車販売協会連合会「車種別販売台数 2013」をもとに筆者作成

ムエタイを用いたいすゞ自動車によるマーケティング活動

いすゞ自動車のムエタイを利用したマーケティング活動の一例をトリペッチいすゞセールスの近藤副社長、PANATDA senior vice president への取材結果から紹介する。いすゞ自動車はトリペッチいすゞセールスを通じて約25年にわたり、タイの国技であるムエタイのプロモーション活動に取り組んでいる。ただし、それは優勝賞品のトラックなどの提供は行うものの、基本的にはタイの地域文化や国家財産の保護と銘打ったCSR活動である。CSRとは、Corporate Social Responsibility の略称であり、日本語では「企業の社会的責任」といわれる。従来のCSR活動は、株主・投資家・従業員などの各ステークホルダーへの情報開示や法令順守が主だったものであった。しかし、ステークホルダーへ活動の価値が十分に伝わっていないことが企業の大きな悩みでもあった。そこで、「事業を通じて」本業と関係性の深い社会貢献活動や社会課題の解決を行うと同時に収益も上げるという価値の創造に現在注目が集まっている。それゆえ、事業を通じたCSR活動は、本業との関連性が強ければ広告戦略の一環になり得ると考えられる。いすゞ自動車はいすゞタイカップボクシングトーナメントや Thai Fight といったムエタイの大規模な大会を支援しており、CSR活動と本業のプロモーション活動を掛け合わせた活動を行っている。

こうしたムエタイを通じた活動はTVや新聞、雑誌などのマスメディア媒体を介して年に850回以上も記事やニュースとして取り上げられたそうだ。そのため、いすゞは大金をかけずに「トラックといえばいすゞ」というメッセージを消費者に向けて25年間発信し続けることに成功しているのである。次からはこのメッセージの受け手の視点に立ち、ムエタイはどうしてタイ国民の関心を集めるのか、どのような人々が親しみを感じているのか考えてみたい。

ムエタイ好きな国民とタイの文化

現在、タイ国内でムエタイは「賭けスポーツ」の1つとして親しまれている。週末になれば、スタジアムだけでなく、テレビで観戦しながら賭けを行う専用の施設に多くのバンコク市民が集っている。本来、スタジアム外での賭け行為は違法であるが、一部の警察官もその施設に集うことからその法律は形骸化している。また、決して裕福ではない多くのブルーカラー労働者が賭けに興じており、ムエタイは一種の娯楽スポーツとしてタイ国民に深く浸透している。

タイでは、単に娯楽スポーツとしてムエタイが浸透しているだけではなく、「ムエタイ選手＝大金を稼げる手段」という図式が成立している。特に、稼ぎが少ない地方では家族を養うためにムエタイの練習に日夜励む子供が多い。地方出身の選手は、ムエタイ選手として都市を目指し、都市部のジムに所属しながら試合に出場し、その中の一部の選手が巨額のファイトマネーを手にすることができる。まさに、ムエタイは将来の大金を手にする一手段と捉えられている。

このように、ムエタイはタイ国内で独特の文化を形成し、タイ国民に親しまれている。そして、ムエタイに興じる側にとってムエタイとは自身の稼ぎを投じて一攫千金を夢見るものであり、選手側も家族のために体1つで地方から稼ぎに出ているのである。

産業構造の変化と人々がピックアップトラックに求めたもの

ここでは、いすゞ自動車がプロモーションしてきたピックアップトラックがタイ国内においてどのような価値をもってきたのか考えてみたい。そこで、商用車の売上が大きく伸び、いすゞ自動車自身もムエタイへの投資を強めた1990年頃の社会の様子に着目する。**図表2-6**からも分かるように、商用車の販売台数の伸びが見られる前の1980年代からタイの産業構造には大きな変化が起こった。それは、産業全体の大きな割合を占めていた農水産の割合が落ち込み、その一方で製造業の割合が大きく伸びたのである。

この製造業の伸びは外資系企業がタイ国内に生産工場の設立を進めたために起こった変化であると考えられる。タイの安価な土地と人件費を求めてバンコク周辺に外資系企業が大規模工場を次々に建設したのである。しかし、それと同時に、首都バンコク近郊の農村で大規模工場設立のための土地の買収が進み、農民がもつ土地の地価の高騰も発生した。1986年〜1990年の間に、バンコク中間地区から郊外にかけて、地価が100%を超える上昇率を示しており土地バブルのようなものが起こっていた（**図表2-**

7）。こうした地価の高騰と、企業の土地買収の動きが重なったため、土地を手放した多くの農民は一時的ではあるが大金を手にすることができたのである。しかし、それと同時に「農民」という職を彼らは失うことになった。彼らの多くは職を求め、急速に発展する首都バンコクへと移住する動きを強めた。

　我々は、その際の移動手段、さらには職の

図表 2-6　1990 年代のタイでの商用車の売上推移と GDP 構成比の変化

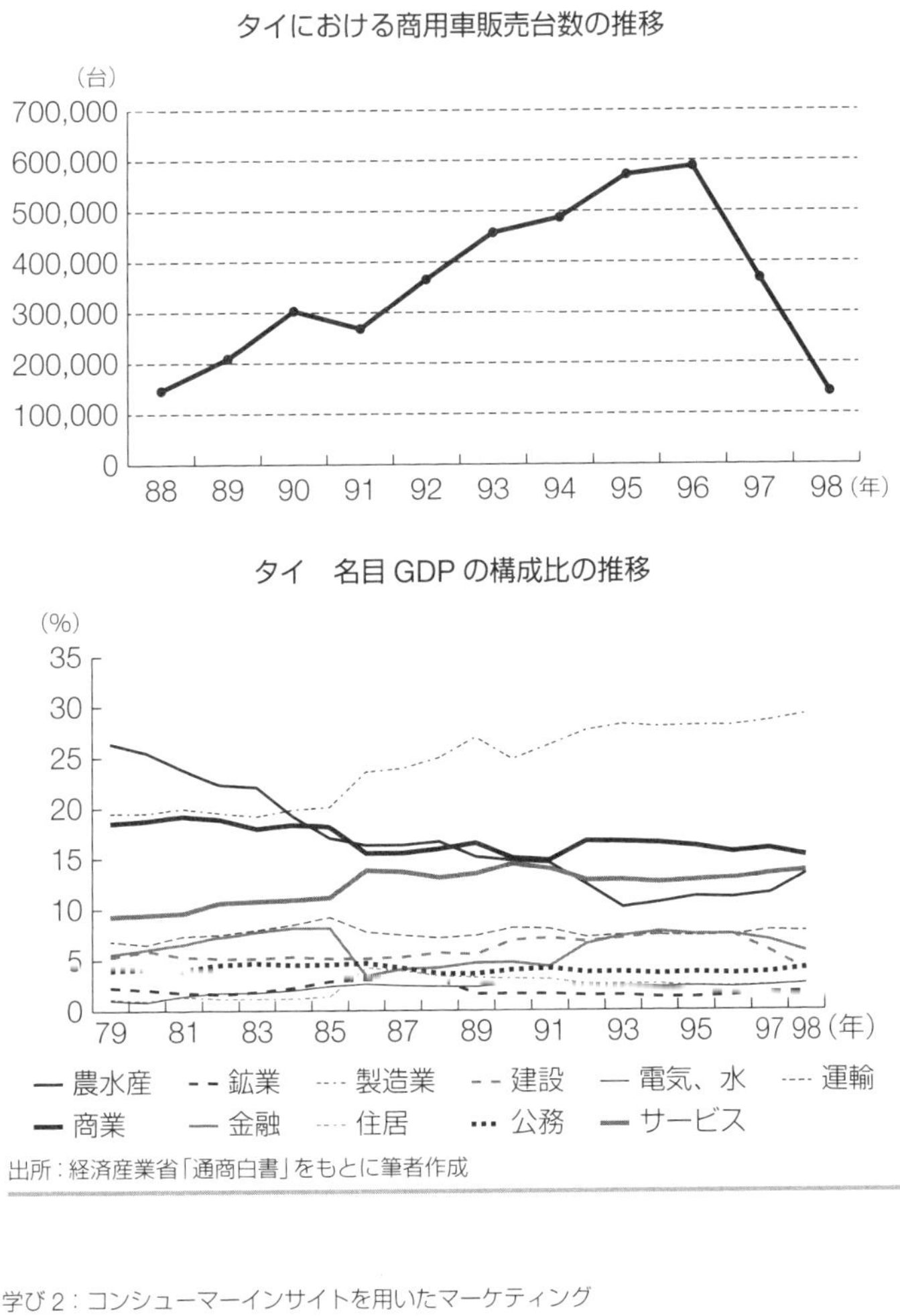

出所：経済産業省「通商白書」をもとに筆者作成

入手手段としてピックアップトラックが購入されたのではないかと推測する。なぜなら、彼らはピックアップトラックを購入することで、ブルーカラー労働者ではあるものの、バンコクで建設機材の運搬などの労働をし、一定の収入を見込めるからである。このように、当時のタイの産業構造の変化と、ピックアップトラックの販売が伸びたことには、強い関連性が存在していると考えられる。農村の住民たちがピックアップトラックを購入することは、「地方」の農作業から「都市」でのブルーカラー労働への移行を意味し、さらには地元を離れ都市への挑戦を意味するものであったともいえる。

いすゞ自動車が捉えた「単なるムエタイ好き」ではないタイ国民の消費者像

ここまで、タイでのムエタイ文化、産業構造の変化、ピックアップトラックに人々が求めた価値をそれぞれ見てきた。これらの事項は、全て前述したいすゞ自動車の広告戦略と結びついている。つまり、いすゞ自動車は、「ムエタイに興じるタイの消費者」という捉え方だけ

図表 2-7　1986 年から 1992 年にかけてのタイの地価上昇率

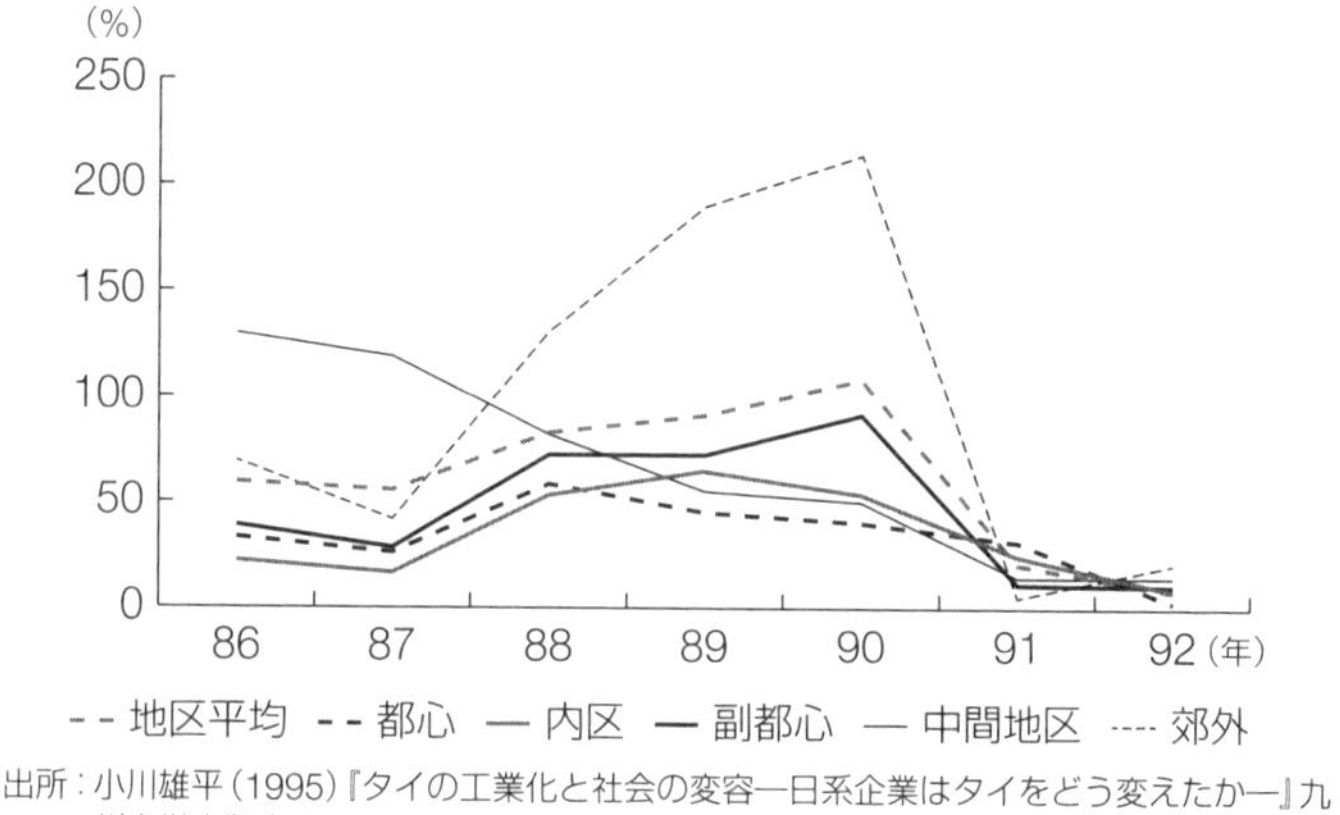

出所：小川雄平（1995）『タイの工業化と社会の変容―日系企業はタイをどう変えたか―』九州大学出版会より

料金受取人払郵便

神田局
承認

8501

差出有効期間
平成30年6月
19日まで

郵便はがき

101-8796

511

(受取人)
東京都千代田区
神田神保町1－41

同文舘出版株式会社
愛読者係行

毎度ご愛読をいただき厚く御礼申し上げます。お客様より収集させていただいた個人情報は、出版企画の参考にさせていただきます。厳重に管理し、お客様の承諾を得た範囲を超えて使用いたしません。

図書目録希望　　有　　無

フリガナ お名前		性別 男・女	年齢 才
ご住所	〒 TEL　　（　　）　　Eメール		
ご職業	1.会社員　2.団体職員　3.公務員　4.自営　5.自由業　6.教師　7.学生　8.主婦　9.その他（　　）		
勤務先分類	1.建設　2.製造　3.小売　4.銀行・各種金融　5.証券　6.保険　7.不動産　8.運輸・倉庫　9.情報・通信　10.サービス　11.官公庁　12.農林水産　13.その他（　　）		
職種	1.労務　2.人事　3.庶務　4.秘書　5.経理　6.調査　7.企画　8.技術　9.生産管理　10.製造　11.宣伝　12.営業販売　13.その他（　　）		

愛読者カード

書名

◆　お買上げいただいた日　　　　年　　月　　日頃
◆　お買上げいただいた書店名　（　　　　　　　　）
◆　よく読まれる新聞・雑誌　（　　　　　　　　）
◆　本書をなにでお知りになりましたか。
1．新聞・雑誌の広告・書評で　（紙・誌名　　　　　　）
2．書店で見て　3．会社・学校のテキスト　4．人のすすめで
5．図書目録を見て　6．その他（　　　　　　）

◆　本書に対するご意見

◆　ご感想

●内容	良い	普通	不満	その他（　　）
●価格	安い	普通	高い	その他（　　）
●装丁	良い	普通	悪い	その他（　　）

◆　どんなテーマの出版をご希望ですか

<書籍のご注文について>
直接小社にご注文の方はお電話にてお申し込みください。宅急便の代金着払いにて発送いたします。書籍代金が、税込1,500円以上の場合は書籍代と送料210円、税込1,500円未満の場合はさらに手数料300円をあわせて商品到着時に宅配業者へお支払いください。

同文舘出版　営業部　TEL：03－3294－1801

で広告戦略を実行したわけではなく、タイの消費者の深層を洞察した上で、的確に自社のピックアップトラックの価値を伝達できたのである。それでは、いすゞ自動車が打ち出した広告メッセージとは一体どのような意味をもっており、それは具体的にどのような点がタイ国民とマッチしたのだろうか。

前述のように、いすゞ自動車の主力商品である1トンピックアップトラックの購買者は主に元農家や都市のブルーカラー労働者であった。彼らは、高騰した土地を売却することで大金を手にし、その大金のほとんどを使いトラックを購入した。それは、同時に首都バンコクへの進出と職の入手を意味していたのである。そこへ訴求する手段として、彼らが興じるムエタイへの投資は効果的だったと考えられる。ムエタイの観戦者や選手自身も社会的地位は元々それほど高くなく、トラックの購買層に一致していた。そうした中で、多くの農村の住民が、地方出身の憧れの選手が優勝賞品としてトラックを手にしてそれを乗り回す姿を見ると、「都市へ出て成功する自分」としての姿を重ね合わせることができたのである。要するに、いすゞ自動車はムエタイ関連の広告を展開することによって、ムエタイが出すメッセージとトラックの出すメッセージを掛け合わせ、一攫千金を夢見る者たちに熱狂や興奮、憧れを提供し、自社のブランドイメージを消費者に定着させることに成功したのだ。

単に製品の性能の良さや価格の安さだけをアピールするのではなく、「タイ社会でのいすゞ自動車のあり方」や「いすゞ自動車に乗ることはどのような価値があるのか」を発信し続けていることが、いすゞ自動車のタイでのシェア獲得の要因である。

4 メディアと消費者の関係性から見る消費者像

前節ではタイの消費者とムエタイの関係を利用したいすゞのCSR活動が、いすゞのブランディングに大きく寄与した事例を紹介した。タイの消費者はムエタイという1つのスポーツを身近な娯楽として享受しており、いすゞはそんな根強い国民的スポーツであるムエタイを通して消費者との心的な距離を縮めていった。

タイの消費者の行動をメディアという観点から見たとき、タイの消費者は「テレビ」を「娯楽の手段の1つ」として捉えているといって良いだろう。もちろんムエタイはスタジアムで行われているものであるが、タイの消費者の多くはテレビ中継で試合を観戦している。

タイの消費者が他の新興国の消費者に比べてテレビを「面白いメディア」と認識していることはアンケート結果からも分かる（**図表2－8**）。このような特徴をもつ消費者のメディアに対する意識は、タイのみに見られるものなのだろうか。消費者がテレ

図表2−8　「面白いメディアは？」に対してYESと答えた人の割合（%）

	テレビ	新聞	雑誌	ラジオ	パソコンでインターネット	屋外広告看板
集計対象者全体	83.0	44.4	17.6	30.8	35.3	20.2
タイ－バンコク	93.3	37.0	11.9	20.4	24.3	6.6

出所：Global Habit 2012より

ビ、新聞、インターネットといった様々なメディアに対してどのような意識をもっているかは、国によって異なるはずである。こうした違いを消費者アンケートの結果から明らかにすることで、新興国に進出する際にどの国に、どのようなメディアを組み合わせてプロモーションを行うべきなのかが明らかになるだろう。本節ではこうした視点から、実際に行われた新興国の消費者に対するアンケート結果を分析することによって、最適な広告メディア戦略を提案したい。

メディアと消費者の関係性を理解することからプロモーションは始まる

企業のマーケティング活動において、プロモーションは極めて重要な要素の1つである。製品価値を的確に消費者に伝え、消費者の購買行動に結び付けるためには、的確なプロモーションができるかどうかにかかっている。

それでは、日本企業は新興国市場で的確なプロモーションを行うことができているのだろうか。日本製品は「高品質なモノ」として新興国の消費者に受け入れられている。しかし、新興国市場で苦戦している日本企業が多いことからも明らかなように、日本企業がこうした日本製品の価値を消費者にきちんと伝えて、実際の購買行動にまで結び付けられているかどうかは甚だ疑問である。日本企業がどんなに良い製品をもっていても、その良さを「知ってもらう」努力をしなければ、売れるはずがない。それ以上に、優れたプロモーションは時として商品そのものの価値を高める力を発揮することさえある。

新興国と先進国とではメディアのあり方が大いに異なっている。それだけでなく、新興国間でも消費者とメディアの接し方は様々である。したがって、新興国でプロモーション活動をしようとするならば、国ごとのメディアに関するコンシューマーインサイトを行い、その上でターゲットに見合った適切なメディアを選択しなければならない。

本節では、博報堂研究開発局が世界の主要37都市で、2000年から毎年実施している消費者アンケート調査のデータベース、Global Habit の2012年のデータを元に分析を行う。新興国を代表する7カ国（マレーシア、ベトナム、中国、タイ、フィリピン、インドネシア、インド）の消費者それぞれ800人に対して行ったアンケート調査の結果に基づき、消費者とメディアの関わり方という点から、いくつかのクラスターに分類する。

メディアと消費者の関係性を起点した国の分類

Global Habit 2012 のアンケートの結果のうち、メディアに関する質問の回答結果に基づき分析を行った。対象のメディアは、テレビ、新聞、雑誌、専門誌、ラジオ、パソコンでインターネット、携帯電話でインターネット、スマートフォンでインターネット、タブレット端末でインターネット、街頭看板、バス広告、鉄道・地下鉄広告、液晶画面広告、劇場や映画館での広告である。質問内容は、「よく接するメディア」、「情報が信頼できるメディア」、「広告が参考になるメディア」、「テレビを見たことがきっかけでどんな行動をするか」、「情報にお金をかけるか」などといった126項目である。回答結果は5段階評価で、「5」に近いほどYESと答えた人の割合が多く、「1」に近いほどYESと答えた人の割合が少ない。分析の手順は、以下の通りである。

今回7つの新興国の消費者の特徴を明らかにするためにクラスター分析を用いた。クラスター分析とは、異なる性質のものが混ざり合っている対象の中から、互いに似たもの（相関の強いもの）を集めてクラスター（塊）を作り、対象を分類することを目指す多変量解析の手法の1つである。クラスター分析を選んだ理由は、7つの国を消費者のメディアに対する意識という観点から分類することによって、それぞれの国の特徴を相対的に理解できるだけでなく、1つの国で成功したプロモーションを他の国に取り入れる可能性が期待できるからである。そこでまず、126項目の質問を、分析の便宜上8つの質問群に分類する。そして、その8つの質問群を代表するような質問を任意で20項目抽出し、7つの国を4つのクラスターに分類する。また質問20項目は、クラスター間の距離を最も大きく分けたものを代表性が高いものとし、質問群に含まれる質問項目数に比例して、それぞれの質問群から抽出したものである。

STEP 1：質問126項目を8つの質問群に分類する

7つの国の消費者のアンケート回答結果を非階層型クラスター分析するために、まず126項目の質問

質問群③	パソコン／SNS〈ソーシャルネットワーキングサービス〉の閲覧・書込み
	情報にお金をかける
	ファッションや化粧品に関して教えてもらう
	買う前に値段をよく比較する
	計画的な買物をすることが多い

質問群④	よく接する／パソコンでインターネット
	よく接する／屋外広告看板〈ビルの屋上等〉や街頭ビジョン
	パソコン／ニュースを見る
	パソコン／音楽のダウンロード／音楽を聴く
	広告も参考になることが多い／新聞
	情報がわかりやすい／新聞
	情報が信頼できる／新聞
	面白いメディア／新聞
	情報に質を求める
	情報を集めるために手間をかける
	ファッションや化粧品に関して教えてあげる
	いろいろな商品の情報に詳しい

質問群⑦	よく接する／ラジオ
	パソコン／企業／商品のWEBサイト
	パソコン／動画の投稿や送信〈ユーチューブなど〉
	パソコン／写真の送受信／投稿
	パソコン／オンラインゲーム／ソーシャルゲーム
	テレビ番組を見たことがきっかけで／家族や友人と話題にする
	テレビ番組を見たことがきっかけで／興味を持った商品をお店まで見に行く
	テレビ番組を見たことがきっかけで／お店で商品を購入する
	広告も参考になることが多い／ラジオ
	広告も参考になることが多い／パソコンでインターネット
	情報がわかりやすい／ラジオ
	⋮

質問群⑧	よく接する／バス広告〈停留所・車体・車内広告等含む〉
	よく接する／鉄道／地下鉄広告〈駅・車体・車内広告等含む〉
	よく接する／液晶画面広告〈オフィスビル・ジム・スーパー等〉
	よく接する／劇場や映画館での広告
	よく接する／無料で配布されるフリーペーパー／フリーマガジン
	広告も参考になることが多い／携帯電話でインターネット
	広告も参考になることが多い／屋外広告看板〈ビルの屋上等〉や街頭ビジョン
	広告も参考になることが多い／バス広告〈停留所・車体・車内広告等含む〉
	広告も参考になることが多い／鉄道／地下鉄広告〈駅・車体・車内広告等含む〉
	広告も参考になることが多い／液晶画面広告〈オフィスビル・ジム・スーパー等〉
	広告も参考になることが多い／劇場や映画館での広告
	⋮

図表2-9　メディアに関する質問126項目の階層型クラスター分析（ウォード法）の結果

※なお、一部図に表しきれなかった部分は省略している

質問群①	携帯電話持っている
	よく接する／テレビ
	広告も参考になることが多い／テレビ
	情報がわかりやすい／テレビ
	情報が信頼できる／テレビ
	面白いメディア／テレビ
	コミュニケーションをとってものを購入したい
	ものを買うときには、どこの国のブランドかを意識する

質問群②	パソコン持っている
	よく接する／新聞
	パソコン／電子メール
	パソコン／情報検索
	パソコン／チャット

質問群⑤	スマートフォン持っている
	よく接する／雑誌〈週刊誌・ファッション雑誌等〉
	よく接する／スマートフォンでインターネット
	パソコン／メールマガジンの登録・受信
	パソコン／掲示板〈BBS〉への書込み
	パソコン／他人のサイト〈ホームページやブログ〉の閲覧・書込み
	パソコン／自分のサイト〈ホームページやブログ〉の作成・更新
	パソコン／Twitterなどのマイクロブログ
	パソコン／テレビ放送をリアルタイムで見る
	パソコン／動画を見る〈ダウンロード・ストリーミング含む〉
	パソコン／ゲームのダウンロード
	⋮

質問群⑥	携帯電話スマートフォン両方持っている
	よく接する／専門誌／業界誌〈クルマ・料理・趣味誌等〉
	よく接する／タブレット端末〈iPad／Galaxy Tab等〉でインターネット
	よく接する／携帯電話でインターネット
	パソコン／電子書籍〈マンガ、雑誌など〉を見る
	パソコン／ラジオ放送を聴く
	パソコン／ネットオークション
	パソコン／金融サービス〈株式投資／インターネットバンキングなど〉
	テレビ番組を見たことがきっかけで／ブログやミニブログ、SNSなどのサイトにアクセスする
	テレビ番組を見たことがきっかけで／ネットやテレビ通販で商品を購入する
	広告も参考になることが多い／専門誌／業界誌〈クルマ･料理･趣味誌等〉
	⋮

出所：Global Habit 2012より

を、階層型クラスター分析（ウォード法）を用いて８つの質問群に絞った（**図表２−９**）。

同じ質問群に分類された質問項目は互いに相関が強く、消費者の意識の関連性が強いことを示している。したがってこれら８つの質問群をそれぞれ代表するような質問項目を20項目抽出することによって、１２６項目の質問を代表するような20項目の質問に絞り込むことができた。

ＳＴＥＰ２：８つの質問群から７つの国を４つのクラスターに分類する

図表２−10が前項の８つの質問郡を用いて７つの国に対して行った非階層型クラスター分析（k-means法）の結果である。

棒グラフに示されているのが４つのクラスターである。これらのクラスターを特徴づけている質問項目とそれに対する回答結果を基に、４つのクラスターを命名する。

ＳＴＥＰ３：４つのクラスターの特徴を基に命名する

４つのクラスターを説明するために２つの軸を設定した（**図表２−11**）。ここでは、縦軸は能動的、受動的の度合いを示す。能動的とはメディアから得た情報を購買などの行動に活用する傾向があることを指し、受動的とはメディアから得た情報を活用せずに受け流す傾向があることを意味する。また、横軸は新しいメディアと古いメディアのどちらに嗜好が偏っているかを指すものである。なお、各質問に対する反応の

図表 2-10　メディアに関する質問 126 項目の非階層型クラスター分析（k-means 法）の結果

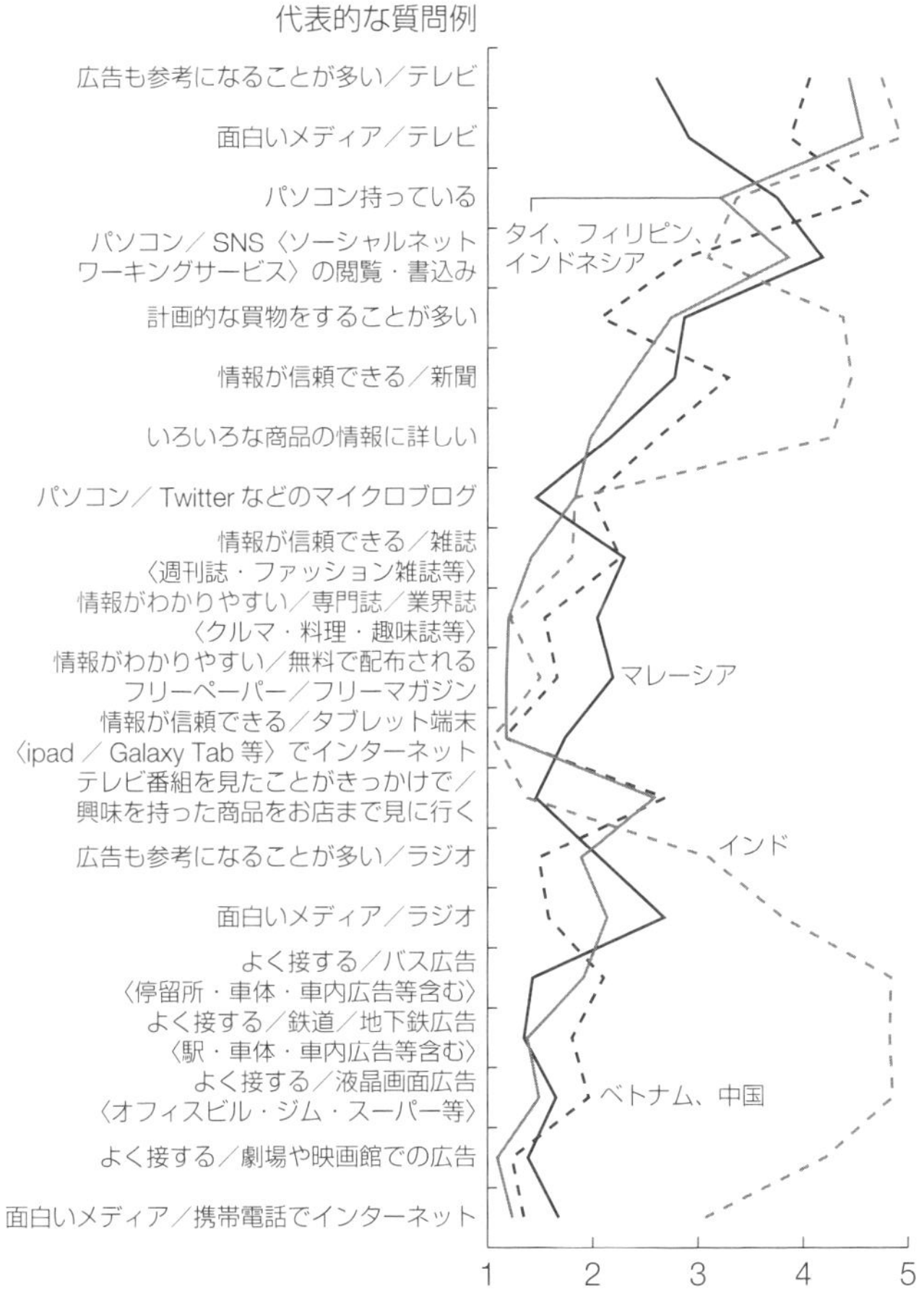

出所：筆者作成

評価の基準は、**図表2-10**、および**図表2-12**を基にして、筆者が任意で判断したものである。

これら4つのクラスターそれぞれにおいて分析から明らかになった特徴を述べた上で、その文化的な背景や要因について考察する。

先進国キャッチアップ型クラスター：マレーシア

今回分析に用いた7カ国の中で、他の国とは大きく異なった独特な性格をもっていたのが、マレーシアとインドであった。そのうちマレーシアの消費者がもつメディアに対する意識は、アジア先進国

図表2-11　消費者のメディアに対する意識によってわかれた4つのクラスター

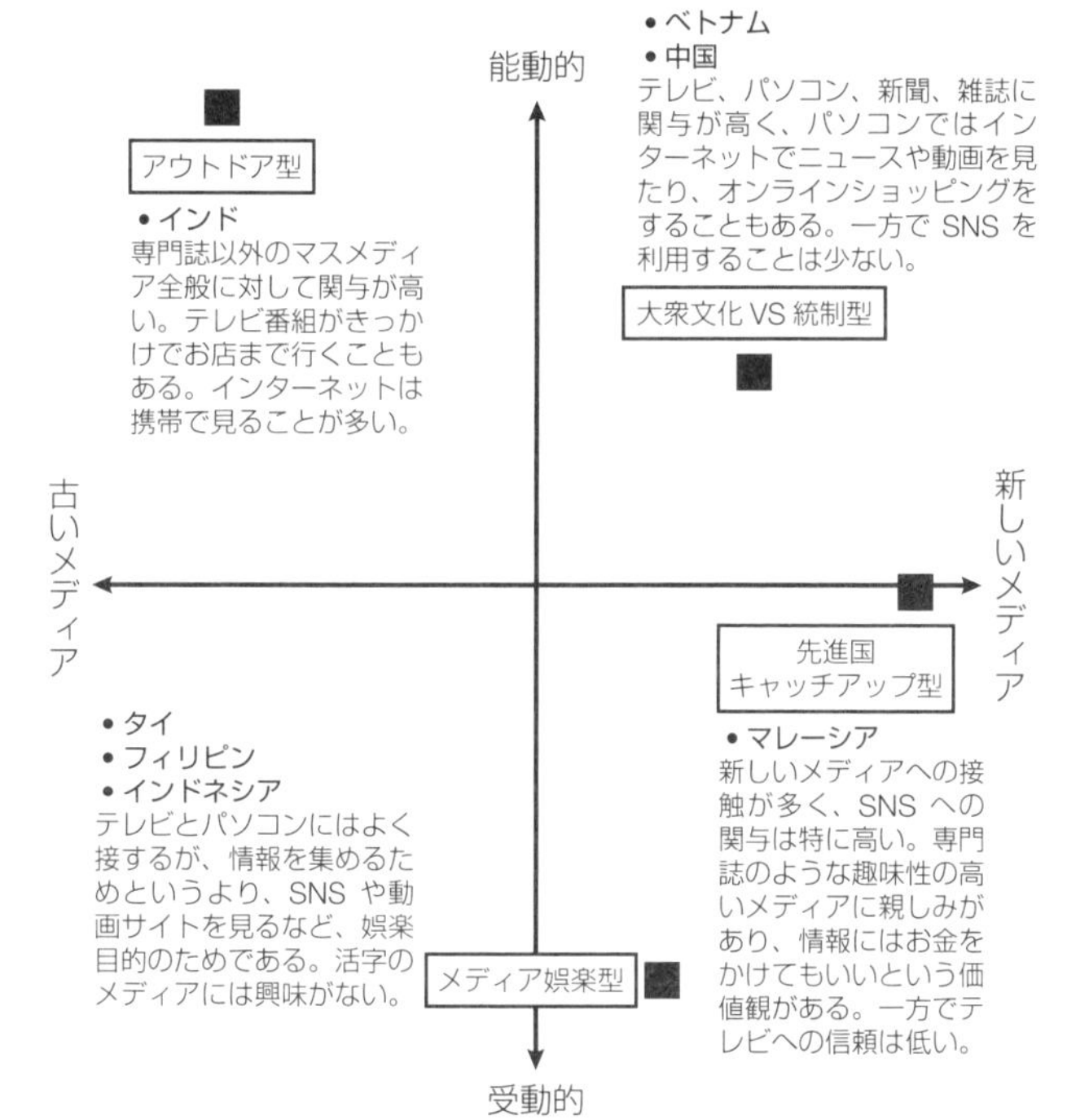

出所：Global Habit 2012のデータの分析結果より作成

図表 2-12　質問群を代表する質問 20 項目への反応

<table>
<tr><th colspan="2" rowspan="2"></th><th colspan="4">グループ</th></tr>
<tr><th>先進国キャッチアップ型</th><th>大衆文化VS統制型</th><th>メディア娯楽型</th><th>アウトドア型</th></tr>
<tr><td>質問群 1</td><td>テレビを信頼する</td><td>△</td><td>◎</td><td>◎</td><td>◎</td></tr>
<tr><td>質問群 2</td><td>パソコンで情報検索する</td><td>○</td><td>◎</td><td>○</td><td>○</td></tr>
<tr><td>質問群 3</td><td>SNS を利用する</td><td>◎</td><td>△</td><td>◎</td><td>△</td></tr>
<tr><td rowspan="3">質問群 4</td><td>新聞を信頼する</td><td rowspan="3">△</td><td rowspan="3">○</td><td rowspan="3">△</td><td rowspan="3">◎</td></tr>
<tr><td>パソコンでニュースを見る</td></tr>
<tr><td>情報に質を求める</td></tr>
<tr><td rowspan="3">質問群 5</td><td>雑誌を信頼する</td><td rowspan="3">△</td><td rowspan="3">○</td><td rowspan="3">×</td><td rowspan="3">×</td></tr>
<tr><td>オンラインショッピングをする</td></tr>
<tr><td>テレビ番組を見て Web サイトにアクセスする</td></tr>
<tr><td rowspan="3">質問群 6</td><td>専門誌を信頼する</td><td rowspan="3">○</td><td rowspan="3">△</td><td rowspan="3">△</td><td rowspan="3">×</td></tr>
<tr><td>タブレット端末でインターネットを見る</td></tr>
<tr><td>スマートフォンでインターネットを見る</td></tr>
<tr><td rowspan="3">質問群 7</td><td>ラジオを信頼する</td><td rowspan="3">△</td><td rowspan="3">△</td><td rowspan="3">△</td><td rowspan="3">○</td></tr>
<tr><td>テレビ番組を見たことがきっかけで店舗に行く</td></tr>
<tr><td>役立つアドバイスをしてくれる店は重要だと思う</td></tr>
<tr><td rowspan="2">質問群 8</td><td>携帯電話でインターネットを見る</td><td rowspan="2">×</td><td rowspan="2">×</td><td rowspan="2">×</td><td rowspan="2">◎</td></tr>
<tr><td>看板やバス広告などの屋外の広告を信頼する</td></tr>
</table>

◎= YES と答えた人の割合がとても多い
○= YES と答えた人の割合が多い
△= YES と答えた人の割合があまり多くない
×= YES と答えた人の割合は少ない

出所：Global Habit 2012 のデータの分析結果より作成

を代表する韓国、シンガポールに似た傾向があることが分かった。

アジア先進国の大きな特徴は、消費者のインターネットやソーシャルメディアなどの新しいメディアへの関与が高まるにつれ、従来のテレビなどのマスメディアへの関与が低くなることである。また、携帯電話よりもスマートフォンやタブレット端末への接触が多いことも先進国らしい傾向であるといえる。

一般に、最新の電子機器を通してインターネットで簡単に情報を選び、発信することができるようになると、マスメディアから得る情報への信頼は薄れていく。同じ理由で、屋外の広告への信頼も先進国が最も低いのだろう。また、興味深いことに、雑誌よりもさらに趣味性の高い専門誌が、先進国、マレーシアでより高い信頼を得ている。このことは、これらの国々の消費者が情報そのものに価値を感じていて、お金をかけることを惜しまない性格をもっていることを意味している。日常にありふれた情報よりも、「より洗練された情報を自分で選択したい」というのが、この国の消費者の感覚といえるのかもしれない。

こうした傾向の背景にあるのは、マレーシアの突出した経済発展にあるだろう。マレーシアはアジア新興国の中でも1人当たりのGDPが高く、比較した7カ国の中では経済的に最も豊かである。経済が豊かになり所得が増えれば、消費者は情報を得るための最新の電子機器を手に入れ、インターネットを通じて情報を検索し、ソーシャルメディアにもアクセスすることができる。それに伴ってインターネット以外の、従来のマスメディアの情報源としての存在感は薄れていく。マレーシアの消費者がもつ独特なメディアへの意識は、マレーシア経済がシンガポールや韓国などのアジア先進国の経済にキャッチアップしていることを反映しているといえるだろう。

大衆文化VS統制型クラスター：ベトナム、中国

ベトナムと中国の消費者に共通していることは、情報を得ることに積極的で、テレビや新聞、インターネットへの関与が非常に高いという点である。テレビを見たことがきっかけでＷｅｂサイトにアクセスしたり、オンラインショッピングをしたりすることも多い。それに対して、専門性の高い専門誌を買う人の割合は少なく、高度な情報に積極的にお金を払うというわけではないようだ。また、ＳＮＳへの関与もインターネットの普及率が高い割にあまり高くはなく、ＳＮＳ上のコミュニケーションで購買の意思決定をするという意識はあまりないと考えられる。

ベトナムと中国の特徴を他の国々と分けた明らかな要因の1つは、新興7カ国のうち、この2つの国だけが社会主義国であることにある。マスメディアはもちろん、インターネットやソーシャルメディアにまでおよぶ政府の厳しい情報統制は、消費者とメディアの関係に少なからず影響を与える。インターネットの普及率が高く、メディアが成熟しているにも関わらずソーシャルメディアへの意識が未発達なのは、まさにこのことが原因であろう。限られた情報にしかアクセスすることのできない環境下で、マスメディアやインターネットコンテンツにそのはけ口を求めているのが、大衆文化VS統制型の消費者の本音なのかもしれない。

メディア娯楽型クラスター：タイ、フィリピン、インドネシア

7カ国のうち、信頼しているメディアの種類が最も少なかったのが、タイ、フィリピン、インドネシアのクラスターである。新聞や雑誌、専門誌などの活字媒体への関与が低く、さらにバス広告や駅の広告などを含む屋外の看板や液晶画面広告への信頼も低い。それに対して、テレビ、パソコン、インターネットは身近で面白いメディアであると感じていることが判明した。特にSNSを利用するという人の割合が高く、インターネット上で友人や家族とコミュニケーションをとることにも積極的である。ただし、「計画的な買い物をする」「いろいろな商品の情報に詳しい」などと答えた人の割合が低く、商品を買うために手間をかけて情報を集めるという意識は少ないといえる。つまり、このクラスターの消費者は、メディアを購買行動のための情報源と認識しておらず、趣味・娯楽活動として楽しんでいると考えられる。

メディア娯楽型クラスターのこうした性格の背景には、経済発展に伴って急速に成長しているコンテンツ産業があるだろう。娯楽としてのテレビの存在感が大きいこのクラスターの国々で、インターネットを閲覧する機器の普及が広がれば、それだけエンターテイメントを追求するコンテンツ産業が潤っていくことも容易に想像がつく。マスメディアやインターネットから楽しみを得ようとする姿勢が、このクラスターの大きな特徴である。

アウトドア型クラスター：インド

インドの消費者を最も特徴づけているのが、屋外広告への際立った関与の高さである（**図表2－13**）。他の国の消費者がほとんど興味を示さなかった街頭の看板、バスや駅の広告に、インドの消費者は情報源としての価値を感じている。それだけでなく、インドの消費者は従来のマスメディアに対する関心が非常に高い。また、意外にも携帯電話を通じてインターネットを利用する人の割合も多い。つまり、インドの消費者は日常生活で常に何らかの形で、メディアと情報に触れているという意識をもっているのである。したがってアウトドア型のクラスターは、家の外でたくさんの看板に囲まれて、携帯電話でインターネットを見て、友人や同僚と新聞をシェアし、車で移動するときはラジオを聞き、家に帰って家族とテレビを囲むというインド独特の生活シナリオが想定される。さらに、アウトドア型の消費者は、メディアから得た情報をきっかけに店まで商品を見に行くという人の割合も高く、メディアから得た情報を能動的に活用しようという意識が強い。インドでプロモーションを行うためには、リアル店舗でプロモーションを行うことも視野に入れる必要があるだろう。

図表2-13　インドのアウトドア広告

出所：筆者撮影

インドの消費者がアウトドア型である要因は、インドの人口の異常な過密さにあると考えられる。アメリカのフォーブス誌によれば、世界で最も人口密度の高い都市はインドのムンバイであった（２０１１年の東京23区の人口密度は約1万４４００人／㎢、ムンバイは約2万５００人／㎢であり約１・４倍）。ムンバイでは、決して広くない家屋に1世帯の平均世帯人数５・３人が住んでいるのである。当然日中を家で過ごすより外出することが多くなってしまうのは無理もない。また、交通も整備されているとはいえず、移動に時間がかかるため、屋外にいる時間は自然と長くなる。そうした理由から、屋外の看板に触れる機会が多くなるのだ。移動中は携帯電話でインターネットを閲覧したり、車でラジオを聞いたりすることもできる。さらに興味深いのが、インドの〝新聞回し読み文化〟である。インドは新聞の発行部数に対して読者数がはるかに多く、２０１２年ヒンディー語誌ダイニクジャグラン誌の発行部数が世界4位の３３１万部であったのに対し、読者数は５６００万人であると公表している。また、価格も1部３ルピー（約５円）と手頃で、情報源として手に入れやすい。ＩＴ大国と称されているインドだが、マスメディアの圧倒的な影響力は簡単には衰えることはなさそうだ。

5 真の消費者像を捉えるために

本章では、コンシューマーインサイトという概念を用いたマーケティング戦略を様々な視点から捉えてきた。ここで、本章全体を通じて我々が伝えたいことについて簡単にまとめなおしてみよう。

それは、新興国市場を単に「価格水準の低い貧しい市場」「ネットが発達していない市場」という画一的な見方で捉えてはいけないということである。「何を今さら…」と思う読者の方も多いかもしれないが、こうした画一的な見方で新興国市場を捉え、マーケティング活動を行っている日本企業はまだまだ多いと思われる。つまり、多くの日本企業はターゲットとする消費者の表面的な部分しか見えていない状態で、マーケティング活動を行っているのである。

しかし、コンシューマーインサイトを用いて捉えれば、これまでとは全く違った新興国市場が見えてくる。例えば、「ムエタイが好きなタイの労働者」「アウトドア型のインド人」など、様々な新興国市場の消費者たちが姿を現す。こうした新興国市場の消費者像は、日本企業がこれまで考えていた新興国の消費者像とは大きく異なるものであり、なおかつ現地の消費者の実情をより正確に表しているものであるといえるだろう。したがって、こうしたコンシューマーインサイトを用いたマーケティング活動は、日本企業の従来型のマーケティング活動よりも強い力を発揮してくれる可能性が十分にある。なぜなら、コンシューマーインサイトを用いたマーケティングは、マーケティング活動の最大のターゲットとなる「消費者」の実情に適合したものであるからである。

今後、日本企業が新興国市場でマーケティング活動を行う機会は急速に増えていくであろう。その際に、従来通りの視点から新興国市場を捉えてマーケティング戦略を実行するのではなく、コンシューマーインサイトという概念に一度立ち寄って、マーケティング戦略を構築してもらいたいと我々は考えている。

参考文献

朝日新聞（２０１４）「インドの新聞、読者最多に秘密」1月３日。

味の素株式会社広報部プレスリリース（２０１３）「味の素社、タイのトップブランド「Birdy®」缶コーヒー第２工場稼働」7月16日、味の素株式会社企業情報サイト（http://www.ajinomoto.com/jp/presscenter/press/detail/2013_07_16_2.html）（２０１６年８月25日閲覧）。

味の素株式会社企業情報サイト「会社データ主な海外法人」（http://www.ajinomoto.com/jp/aboutus/data/global.html）（２０１６年８月25日閲覧）。

いすゞ自動車株式会社ホームページ「ＳＵＶ・乗用車ユーザーの皆様へ」（http://www.isuzu.co.jp/suv/）（２０１６年８月25日閲覧）。

一般社団法人日本自動車販売協会連合会（２０１３）「車種別販売台数」12月、一般社団法人日本自動車販売協会連合会ホームページ（http://www.jada.or.jp/contents/data/hanbai/index12.html#）（２０１６年８月25日閲覧）。

小川雄平（１９９５）『タイの工業化と社会の変容―日系企業はタイをどう変えたか―』九州大学出版会。

北原淳・赤木攻（１９９５）『タイ 工業化と地域社会の変動』法律文化社。

経済産業省「通商白書」（各号）。

自動車販売協会連合会（２０１３）「車種別販売台数２０１３」自動車販売協会連合会。

新宅純二郎（２００９）「新興国市場開拓に向けた日本企業の課題と戦略」『ＪＢＩＣ国際調査室報』第２号。

タイ味の素社訪問時提供資料。

ニューズウィーク日本版「タイの「激烈」栄養ドリンクがやってくる」２０１０年９月16日（http://www.newsweekjapan.jp/stories/business/2010/09/post-1624.php）（２０１６年８月25日閲覧）。

農林水産省「平成23年度 国別戦略的マーケティング事業 東南アジア（タイ）」農林水産省ホームページ（http://www.maff.go.jp/j/shokusan/export/e_enkatu/h23marketing.html）（２０１６年８月25日閲覧）。

博報堂研究開発局「Global Habit 2012」株式会社博報堂ホームページ（http://www.hakuhodo.co.jp/uploads/2012/04/HAKUHODO_GH2012_J.pdf）（２０１６年８月25日閲覧）。

朴英元（２００９）「インド市場で活躍している韓国企業の現地化戦略：現地適応型マーケティングからプレミアム市場の開拓まで」『赤門マネジメント・レビュー』８巻４号。

菱田慶文（２００８）「ムエタイの賭博化変容：戦術の変容を中心に」早稲田大学リポジトリ（http://dspace.wul.waseda.ac.jp/dspace/handle/2065/28823）（２０１６年８月25日閲覧）。

三菱商事株式会社ホームページ 投資家情報「ビジネスモデル 自動車・タイいすゞ事業」（http://www.mitsubishicorp.com/jp/ja/ir/individual/business/isuzu/）（２０１６年８月25日閲覧）。

元田時男「タイ国経済データ統計集（統計が語るタイ）」タイ国ビジネス経済情報。

exciteニュース（２０１０）「〈人口密度の高い都市トップ20〉１位はインド・ムンバイ、中国からは４都市がランクイン」１月14日（http://www.excite.co.jp/News/chn_soc/20100115/Recordchina_20100115016.html）（２０１６年８月25日閲覧）。

JETRO（２０１３）「在アジア・オセアニア日系企業実態調査（２０１３年度）」12月12日、日本貿易振興機構ホームページ（http://www.jetro.go.jp/jfile/report/07001539/0700153901a.pdf）（２０１６年８月25日閲覧）。

JETRO（２０１３）「バンコクスタイル」日本貿易振興機構ホームページ（http://www.jetro.go.jp/jfile/report/07000366/bangkokstyle_hole_rev.pdf）（２０１６年８月25日閲覧）。

MARKLINES自動車産業ポータル「自動車販売台数速報　タイ　２０１３年」（http://www.marklines.com/ja/statistics/flash_sales/salesfig_thailand_2013）（２０１６年８月25日閲覧）。

Muay Thai Focus（２０１４）「Isuzu cup 25」８月８日（http://www.muaythaifocus.com/news/isuzu-cup-25/#more-715）（２０１６年８月25日閲覧）。

TECHINASIA（２０１４）「Starting a business in Southeast Asia? Check out this opportunity map」１月22日（https://www.techinasia.com/internet-opportunity-map-southeast-asia/）（２０１６年８月25日閲覧）。

第3章

学び3：Japanブランド戦略

1 Japanに対するブランドイメージを利用せよ

「グローバル化」が世界的に謳われている現在、国内事業だけにとどまらず海外で事業を展開し売上を伸ばす日本企業が増えている。しかし、経済的に豊かで比較的均質な国民性をもつ日本市場でビジネスをしてきた日本企業が、中国やインドなどの新興国市場で他の海外企業と戦うのはまだまだ容易なことではない。そこで、本章では、日本で一定の成功を収めた企業が、新興国市場に進出する際にとるべき戦略をブランドマーケティングの観点から考える。前章でも論じてきたように、日本企業は統一化戦略やローカル化戦略のフレームワークを使って、新興国市場での戦略を立案することが多い。しかし、本章で我々が提示する戦略のフレームワークは、統一化戦略やローカルフィット戦略よりも時として効果的な「Japanブランド戦略」である。

我々がJapanブランドに注目した理由は、「日本という国に対するイメージ」が製品のブランド化において大きな役割を担っていると考えたからである。例えば、ドイツであれば機能的、イギリスなら伝統的、イタリアならスタイリッシュといった具合に、国に対するイメージが製品のブランド化に多少なりとも影響を与え得ることは容易に想像がつくのではないだろうか。それでは、海外の人が日本に対して抱いているイメージはどのようなものなのだろうか。前述したように、最も強いイメージは「日本＝高品質」である（**図表3－1**）。したがって、海外進出を目指す、あるいは海外市場で苦戦している日本企業は、「日本＝高品質」というイメージをもたれている「Ｊａｐａｎブランド」を前面に押し出した戦略を実践していくことができるだろう。

本章では、ユニクロ・日本食・和牛の３つの事例の分析を通じて、日本企業のＪａｐａｎブランド戦略の可能性を論じていく。

図表3－1　各国の製品に対して抱いているイメージ（14都市平均）

Q：次の国の製品にはどんなイメージがあてはまりますか（複数回答）

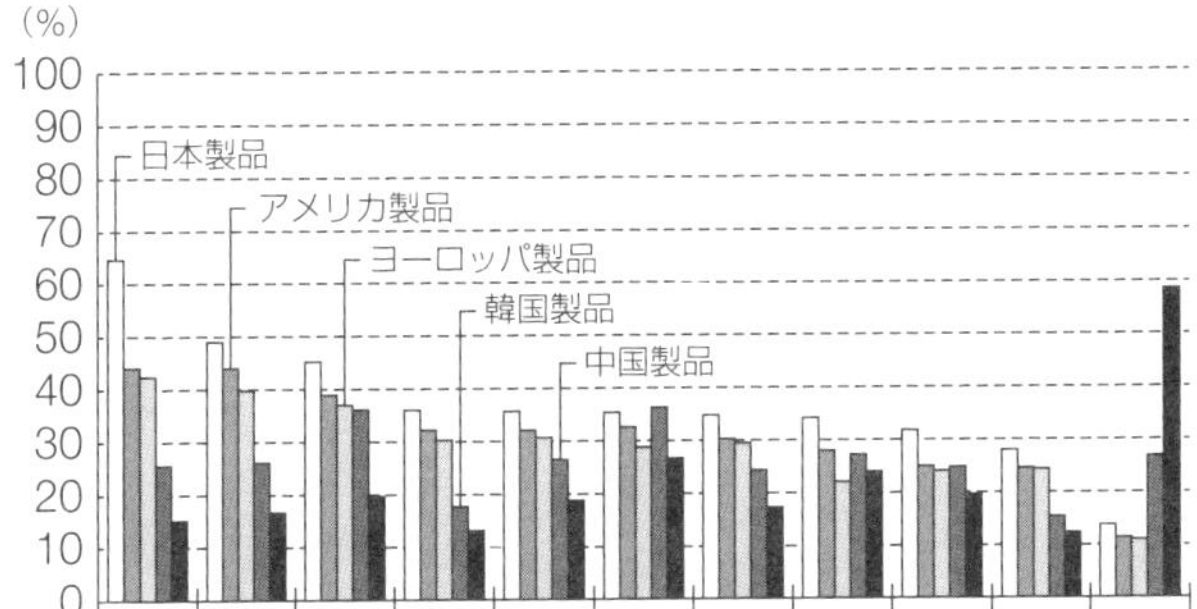

	高品質な	定評のある	カッコイイ／センスがいい	安心／安全な	時代を切り拓いていく感じ	活気や勢いを感じる	明確な個性や特徴のある	価格に見合う価値がある	楽しい	環境に配慮している	低価格
日本製品	64.6	49.0	45.2	36.0	35.7	35.4	34.8	34.2	31.8	28.0	13.8
アメリカ製品	44.1	44.0	38.9	32.2	32.1	32.6	30.3	28.0	25.0	24.6	11.4
ヨーロッパ製品	42.4	39.8	37.0	30.3	30.7	28.8	29.5	22.1	24.1	24.4	11.0
韓国製品	25.6	26.1	36.1	17.7	26.5	36.3	24.4	27.2	24.8	15.4	26.8
中国製品	15.2	16.7	19.7	13.2	18.8	26.7	17.3	24.0	19.6	12.4	58.6

出所：Global Habit 2012より作成

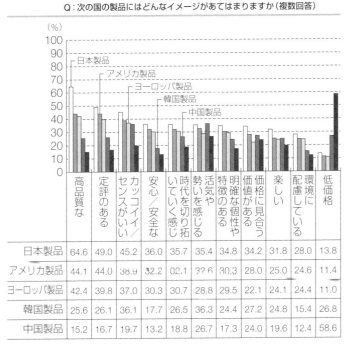

2 ファッションビジネスにおいてＪａｐａｎブランドは有効か

本節では、ユニクロの中国戦略の事例を用いて、ファッションビジネスにおけるＪａｐａｎブランドの可能性を論じていく。ユニクロは元々山口県を中心としたカジュアルファッションのチェーン店であり、１９９８年のフリースの大ヒットで一躍日本トップレベルの企業に躍り出た。フリースの爆発的なヒットの後、ヒット商品が生まれず苦労した時期もあったが、２００４年にはカシミヤセーター、２００８年にはハイライズジーンズなど定期的に大ヒット商品を生み出している。こうした大ヒット商品の売れ行きが好調なこともあって、ユニクロは国内では高い認知率を誇り、毎年好業績を達成している。

しかし、ユニクロは海外展開では苦戦を強いられることが多かった。２００１年９月にロンドンに初出店したのを皮切りに海外展開をスタートさせたものの、各国特有の商習慣や嗜好などの存在もあって、なかなか海外市場にくい込んでいくことができなかったのである（川嶋　２００８）。そうした中、中国市場においてはＪａｐａｎブランドを上手く活用して、中国事業を成長に導いたのである。なぜユニクロは中国市場でＪａｐａｎブランドを活用した戦略を実行したのだろうか。そして、中国市場でＪａｐａｎブランド戦略が上手く機能した理由は何なのだろうか。本節では、これらの疑問を解明しながら、ファッションビジネスにおけるJapanブランドの可能性を論じていく。

上海店での失敗から学んだJapanブランドの有効性

今でこそ中国事業で好調な業績を挙げられるようになったユニクロであるが、当初は失敗の連続であった。ユニクロの中国事業は2002年9月の上海への出店から始まった。当初、ユニクロは上海店においても、日本のユニクロと同様に最適価格でマス市場を狙う戦略を実行した。つまり、「お手頃な価格で、できる限り多くの人に買ってもらう」ことを目指したのである。しかし、実際は売上が伸び悩み、その後出退店を繰り返すこととなってしまった。こうした当初の失敗の背景には、中国のマス市場の顧客の収入が非常に低く、価格競争が想像以上に厳しかったことがある。当時、現地の市場ではパンツ（ズボン）2本が約300円程度で売られており、いくら低価格のユニクロといえども価格の面では勝ち目がなかった。そのため、日本では「お手頃価格」のユニクロ製品も、中国消費者には「無駄に高い製品」と受け取られてしまい、ユニクロは明確なブランドイメージを打ち出せずにいたのである。2003年の秋には50人いた中国法人本部人員を半分に減らすなど、苦しい状況であった。

こうしたユニクロの中国戦略に転機が訪れたのは、2005年9月の香港初出店時であった。当時、中国本土に比べ生活水準は高いものの、人口約700万の市場に外資の強豪衣料店がひしめく香港でのビジネスは決して容易ではないと思われた。ここでユニクロは上海での過度な価格競争を教訓にし、香港店では思い切って「現地に溶け込む戦略」から「日本流を全面に押し出す戦略」へと戦略の方向性を変化させた。より具体的には、それまでの現地に合わせた中国仕様の品揃えから、日本と同じ品揃えに変化させ、価格も日本より2割程度高くしたのである。さらに、ユニクロは「価格相応に日本製品は上質」というイメージ作りのため、商品の表示を日本語と円のままにし、棚で別途香港ドルの価格を表示するという徹底ぶりを見せた。その結果、寂れたショッピングモールの3階という立地ではあったものの、大成功を納めることができた。オープンから2週間においては、3階からモールの外まで行列ができるという大盛況ぶりであった。それは業績にも表れており、この1店舗で初年度から約1億円の平均月商を記録し、利益率は日本のユニクロを上回るほどであった。

このユニクロの香港出店のケースで興味深い点は、日本国内と同じ商品を異なるブランド戦略で売って成功したという点である。つまり、日本国内と売っている商品は一緒ではあるものの、国内の「良質で低価格」というイメージではなく「価格は高いが、日本の上質なカジュアル服」という新しいイメージを作り出したのである。ユニクロは「日本製品は上質」というＪａｐａｎブランドの特性を見事に活かし、売上拡大に繋げることに成功したのだ。

その後、ユニクロの香港での成功例は既存の上海店にも転用された。上海店では２００６年から抜本的な改革が始められ、香港店と同様に中国向けの商品を廃止し日本と同じ商品に一本化した。また、商品価格も平均25〜30％引き上げ、日本国内と比較しても約10％高い価格に設定した。経済成長著しい中国といえど、2006年時点の平均年間賃金が2万1001元であるので、ユニクロの価格設定は上海市民にとって決してお手頃なものではない。そのため、ユニクロは対象顧客もこれまでのマス市場から、「25〜40歳の収入に余裕がある（月収3500元以上）オフィス勤務者」に変化させた。つまり、上海店においても、「日本製品は上質」というJapanブランドを全面に押し出した戦略を実行したのである。この戦略は見事に奏功し、上海店の売上も次第に向上していった。

既存店の成功で勢いをつけたユニクロは、2006年12月に2300㎡の売り場面積をもつ上海旗艦店をオープンさせた。場所は上海市のランドマークであるテレビ塔に近く、市内最大級のショッピングセンターがある正大広場という好立地である。ZARAやH&Mなどのライバル企業たちが派手な宣伝を展開する中、ユニクロは100万元（当時で1500万円程度）という決して多くない宣伝広告の予算を活用し、テレビCMは控え、新聞や交通機関での広告で「アジア最大の旗艦店」というメッセージをひたすらアピールした。こうした宣伝活動や、元々あったユニクロに対する良好なブランドイメージが奏功し、12月9日のオープン当日は9台のレジがフル稼働しても100人もの行列ができるほどの盛況ぶりであった。新店舗では、初日だけで6000人以上の買い上げ客を記録したのである。その後も、中国でのユニクロの躍進は続き、2013年3月末時点で中国大陸に189店舗を展開するまでに至った。2013年9月には上海の淮海中路の旧永新百貨店跡地に、ユニクロ市場最大となる約8000㎡の床面積を誇るグローバル旗艦店をオープンさせるなど、中国事業は今もなお成長を続けている。

中国のユニクロにおいてJapanブランドを支えたもの

こうした中国ユニクロの目覚ましい成功の陰には、店舗経営にも「日本流」を取り入れ、「日本製品は上質」というJapanブランドのイメージに適合した店舗を創り出したことがある。上海の市場調査によると、ユニクロのリピーター率は8割を超え、他の外資ブランドを抑えて衣料ブランド業界で1位となっている。その理由の中で注目すべきものが、「店員の接客態度が良い」という点である。2006年の改革前、日本から店長として上海に赴任してきた辰巳幸士氏は、『日系情報ストラテジー』（2008年1月号）のインタビューで上海ユニクロに来てその店員の態度に非常に驚いたと語っている。当時の店舗では、顧客が来店しても挨拶をしない、レジで現金を粗末に扱うなど日本では考えられない状況であった。国営企業が多く、接客などを含むカスタマーサービスの概念が薄かった当時の中国では珍しくないが、日本から来た辰巳氏には衝撃だったそうだ。日本なら店長という立場上すぐさま注意するところだが、辰巳氏は「面子を大切にする中国人を叱るのは禁物。まず褒めて、丁寧な接客が能力向上など本人のメリットに繋がることを説明しなければならない」と語っている。

そこで、接客態度の抜本的改革のため、中国ユニクロでは「CS（カスタマーサービス）研修」を設けた。入社1ヵ月以内に2日間、挨拶からレジでの対応など接客の基礎をきっちり学び、ロールプレイングも取り入れるなど中国人店員にも分かりやすい研修を提供した。辰巳氏はこうした取り組みを通じて、ユニクロの中国店舗でも日本の店舗と同レベルの接客を提供できるようにすることを目指したのである。その結果、ユニクロは、ＺＡＲＡやＧＡＰなどの欧米ブランドと比べ接客態度が良く、好感がもてるファッションブランドとして市民から評価されるようになった。以上のように、ユニクロは接客のレベルを日本と同レベルに引き上げることによって、消費者がＪａｐａｎブランドに対して抱いている「日本製品は上質」というイメージを損なわないようにしたのである。

「品質が良い」は立派なＪａｐａｎブランド

以上のように、当初は現地化に重きを置き過ぎて、中国初出店は失敗に終わったユニクロであったが、数年の時を経てＪａｐａｎブランドを基軸にした新たなビジネスモデルを構築し、中国事業を軌道に乗せることに成功した。前章でのローカルフィット戦略の節では、「日本製品の高機能・高品質を押し出す戦略から脱却し、現地の事情に限りなく適合した戦略を構築すべきだ」という主張をした。もちろん、こうした戦略が機能する海外市場も多いはずである。しかし、ユニクロの中国事業のように、「日本製品は上質である」というＪａｐａｎブランド固有のイメージを全面に押し出す戦略も時として大きな力を発揮するのである。

特に、世界の競合が独自のブランドイメージを形成しようとするファッションビジネスにおいては、自社のブランドイメージをかなり明確に打ち出さなければ「単なる数ある衣料品の1つ」として見なされてしまうことになる。それゆえ、消費者が求めるブランドイメージを正確に把握し、明確にそのイメージを伝達しなくてはならないのである。したがって、単に日本と同じブランドイメージを形成したり、現地の事情にブランドイメージを適合させたりしているだけでは、消費者にブランドイメージを正確に伝達することは難しい。ユニクロは、消費者がJapanブランドに求めるイメージを上手く商品ラインナップや価格に結び付け、それを明確なブランドイメージとして確立することに成功した。それこそが、ユニクロが消費者を惹き付ける鍵になっていたと考えられる。

3 日本食ブームを考える―単に「おいしい」だけではない日本食―

現在、日本食は先進国だけでなく、新興国を含め世界中で食されている。海外の日本食レストランの数は約5万5000店舗(2013年3月時点)であり、わずか3年間で2万5000店舗も増加した。また、寿司やうどんなど伝統的な日本料理だけでなく、ラーメンやカレーなどといったB級グルメも日本食として人気を博している。２０１３年にはユネスコが和食を無形文化遺産に登録したこともあって、このブームは今後ますます大きなものになると予想される。こうした世界での日本食ブームに伴い、多くの日系外食企業が海外に積極的に進出している。例えば、和食チェーンの大戸屋は２００５年のタイ進出を皮切りに、アジアを中心に75店舗を展開している。また、牛丼チェーンの吉野家も１９７５年から海外進出を開始し、２００1年に１６８店舗であったのが、２０１３年には６３６店舗にまで増加させるなど、積極的な海外展開を進めている。

ただし、こうした日系外食企業が海外で展開している日本食レストランの9割近くは、日本以外の外国人によって経営されており、現地の人々が料理して、現地の人々が食している日本食は、我々日本人が思い描く日本食とは異なる可能性がある。つまり、海外では日本食は日本とは異なる形で受けられている可能性があるのである。時として、現地での日本食は、本場の日本食とは大きく味や形を変えることがある。例えば、カルフォルニアロールは日本食が海外で大きく形を変えた例の1つである。日本が寿司を米国で売り込んだ際、米国人は生魚を食べることに抵抗を感じたり、外側に巻いてある海苔を気味悪がったりしたため、全く受け入れられなかった。そこで、具材を現地の人に親しまれるタラバガニやアボカドにかえ、のりを内側に入れる「裏巻き」にして寿司を提供すると、これが米国人に大いに受けた。その結果、この寿司はカリフォルニアロールとして米国で人気の料理となり、オリジナルの料理である寿司自体も広く受け入れられるようになった。このように、日本食が現地で変化し、国内とは異なる形で愛されることもあるのである。

しかし、日本食を取り扱う外食企業全てが、現地の事情に合わせて日本食の形やイメージを大きく変えて提供すべきであるかというと、必ずしもそうとはいえない。後に詳しく述べるが、日本食を扱うタイ人経営の「ＦＵＪＩレストラン」や「大戸屋」などは本場の日本食に近い味で成功を納めている。このように、日本食が海外でブームとなる要因は、「本場の日本食とは全く違う形で受け入れられるようになる」ローカルフィットの動きでもなく、「本場の日本食がそのままの形ですんなりと受け入れられるようになる」統一化の動きのいずれでもない。日本食ブームの背景には別の第３の要因が存在している可能性がある。

今回我々は、この第３の要因を「日本から連想されるイメージ」と推測した。要するに、日本食人気の根底には、Ｊａｐａｎブランドが存在しており、日本から連想されるイメージが消費者を日本食の購買に向かわせている可能性があるのではないかと考えた。そこで、本節では、タイでの日本食ブームを取り上げて考察を行い、日本食ブームの根底にＪａｐａｎブランドが存在していることを確認したい。なお、ここで取り上げる日本食におけるＪａｐａｎブランドとは、単に「味が良いから」「健康に良いから」というイメージではない。「日本という国に対して抱いているイメージそのもの」がＪａｐａｎブランドとして日本食ブームに影響していることを本節では論じていく。

タイの日本食ブームの概要

近年、タイにおいて日本食は最も人気の外国料理となっている。JETROがバンコク在住の500人に行ったアンケート調査では、「これらの料理の中で、好きな外国料理は何ですか。上位3つを選んでください（タイ料理を除く17の外国料理から選択）」という質問に対し、1位に日本食を選択した人の割合は66・6％であり、2位の中華料理（12・8％）を大きく上回っている。また、日本食レストランの数も急増している。JETROによれば、タイ全土の日本食レストラン数は2007年3月には745店舗だったのが2013年4月には1806店舗に急増しており、タイはまさしく日本食ブームの最中にあるといえる。

こうした日本食ブームの潮流に合わせて、数多くの日本の外食産業がタイに進出している。代表的な例は8番らーめんである。日本人にとっては意外であるかもしれないが、実は日本の「らーめん」は中華料理のものとは異なり、「日本食」としてタイだけでなく全世界で受け入れられている。8番らーめんは2000年には18店舗であったが、2010年に90店舗まで出店数を伸ばし、2014年には108店舗になるまで増加している。他にも、CoCo壱番屋や大戸屋、やよい軒といった日本の外食産業が次々と進出している。

次々に外食産業がタイに進出する中で、タイの消費者も日本固有の食事を好むようになってきている。

ＪＥＴＲＯが行ったタイでのアンケート調査によると、「好きな日本食は何ですか？上位３つを選んでください」という質問に対してトップの寿司・刺身の回答は51・８％、しゃぶしゃぶ（41・４％）やすき焼き（33・２％）、ラーメン（31・６％）、たこ焼き（25・８％）などがそれに続いた。このように、タイでは広いジャンルの日本食に対するニーズが存在しており、日本の多くの外食企業が進出するチャンスがある。

我々も実際にタイに赴き、日本食人気に沸くタイの現状を目の当たりにした。バンコク市内の繁華街であるサイアム・スクエアのサイアム・パラゴン（大型商業施設）を訪れた際、地下1階のレストラン街にはモスバーガーやＣｏＣｏ壱番屋、大戸屋が軒を連ね、店内はタイ人で賑わっていた。また、タイ人経営の日本食レストランである「ＦＵＪＩレストラン」や現地企業経営のフードコートもほぼ満席状態であった。もちろん、タイ料理店も数多く見られたが、日本食レストランの盛況ぶりはそれに凌ぐほどであった。

それでは、タイの消費者はどのような理由で日本食を好んでいるのだろうか。ＪＥＴＲＯが行ったアンケート調査によれば、日本食を好きだと答える４５３人のうち、74・８％の人が「味の良さ」を挙げ、56・８％の人が「健康に配慮しているから」と答えた。タイ人に限らず、日本食を好む理由としてこの2つが挙げられることが多く、特に「健康に配慮している」という理由は、日本食が海外の国々で注目を受けるきっかけとしてしばしば注目される。しかし、前述のように、今回我々はこれらの理由だけではなく、「日本という国に対するイメージ」が人気に大きな影響を与えていることに着目したい。

タイの日本食ブームの検証

ここからは、上述のタイの日本食ブームの背景を詳しく探っていく。まず、日本食ブームの背景が「味が良い、おいしい」という理由であるかどうかについて検証したい。当然ではあるが、食品は「おいしい」と消費者に感じてもらわなければ人気が出ない。もし、日本食がタイ人の嗜好にフィットしていることが人気の大前提である場合、「味がおいしい」と感じる人が相当数いるということは日本食がタイ人の嗜好にかなり近い、もしくは日本食がタイ市場にローカルフィットしているかのどちらかが考えられる。

それでは、元々日本食はタイ人の嗜好に合ったものなのだろうか。両国の料理の歴史から鑑みるに、その可能性は低いと考えられる。一般的に、タイ人は辛味、酸味や甘味、魚介類などの旨味を好むといわれる。伝統的なタイ料理はタイカレー、トムヤムクン、ヤム（タイ風サラダ）、パッタイなどがあり、いずれも上記の4つの味を基本にした料理である。このように、タイの料理はかなりはっきりした味になっており、タイの消費者もそれを好んで食している。実は、この点が日本と大きく違っている。一般的に、日本人は塩辛い味は好まれないといわれており、日本料理で使用される香辛料は非常に限られている。そのため、日本人は概して薄味を好むといわれており、タイ人の料理に対する嗜好とは大きく異なっている。

だからといって、日本食が完全にタイ市場向けのものとして形を変えているわけでもない。我々はタイ訪問の際に、タイ人経営の「ＦＵＪＩレストラン」で現地の日本食を食べてきた。そこでの「日本食」の味は多少塩味が足りないものの、日本のレストランで食べるものと遜色ないレベルの料理であった。メニューには現地で食したトムヤムクンやタイカレーのような辛い料理は載っておらず、さらに本物の日本食に近い味の料理ばかりであるにも関わらず、店内はタイ人の客で賑わっていた。また、大戸屋に関しても同様の状況が見られる。バンコク市内の大戸屋では、日本の店舗で見られるメニューに加えてバンコクオリジナルの料理も見られるが、和食の枠から大きく外れた料理は提供されていない。口コミのサイトを見ても、「日本の味と近い」というコメントが多く、日本料理特有の味を支持する消費者が多い。このように、タイでの日本食ブームの背景には、単なる味のおいしさや、食のローカルフィットという要因だけでは片付けられない要因が潜んでいる可能性がある。

　それでは、日本食が人気なのは「健康的であるからだ」という見方はどうだろうか。実はこれに関しても、我々日本人の思い込みである可能性がある。**図表3-2**を見ると、日本食に対する嗜好と健康意識にはそれほど強い関係が存在していないこと（相関係数がマイナス0・168）が分かる。この図は縦軸に「日本食が好きな人の割合」、横軸

図表3-2　バンコク市民の日本食嗜好と健康意識の関係

※図中の点は各性年齢層を表している。

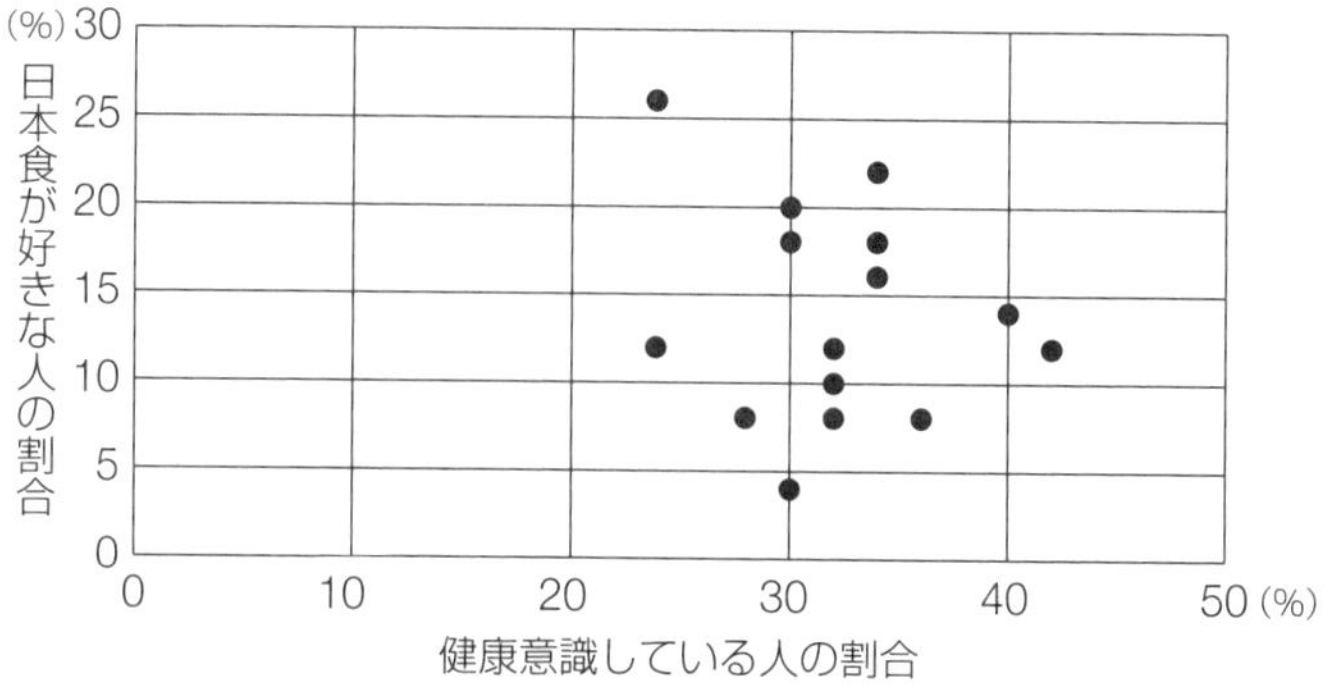

出所：Global Habit 2012 のデータを基に筆者が作成

に「健康を意識している人の割合」をとり、バンコク在住の15～59歳、500人を男女別・年齢別（5歳区切り）に分け、博報堂Global Habitのデータを基にプロットしたものである。仮に、「健康意識の高まりによりヘルシーな日本食が注目され、ブームに繋がる」と仮定するならば、横軸の数値が上昇するにつれて、日本食を好む割合も上昇するはずである。したがって、健康意識の増大が日本食の消費に繋がっているという説明は、このデータから考えるにそれほど強い説得力をもっていない可能性がある。

　同様のことは、世界の日本食ブーム全体にも当てはまると考えられる。**図表3－3**は、中国の3都市、インドの2都市、マレーシア、インドネシア、タイ、シンガポール、フィリピン、韓国、香港、台湾、ベトナム、ブラジル、計15都市に在住する人を対象としたアンケートの結果から、**図表3－2**と同様の形でプロッ

図表3-3　各国の日本食嗜好と健康意識の関係

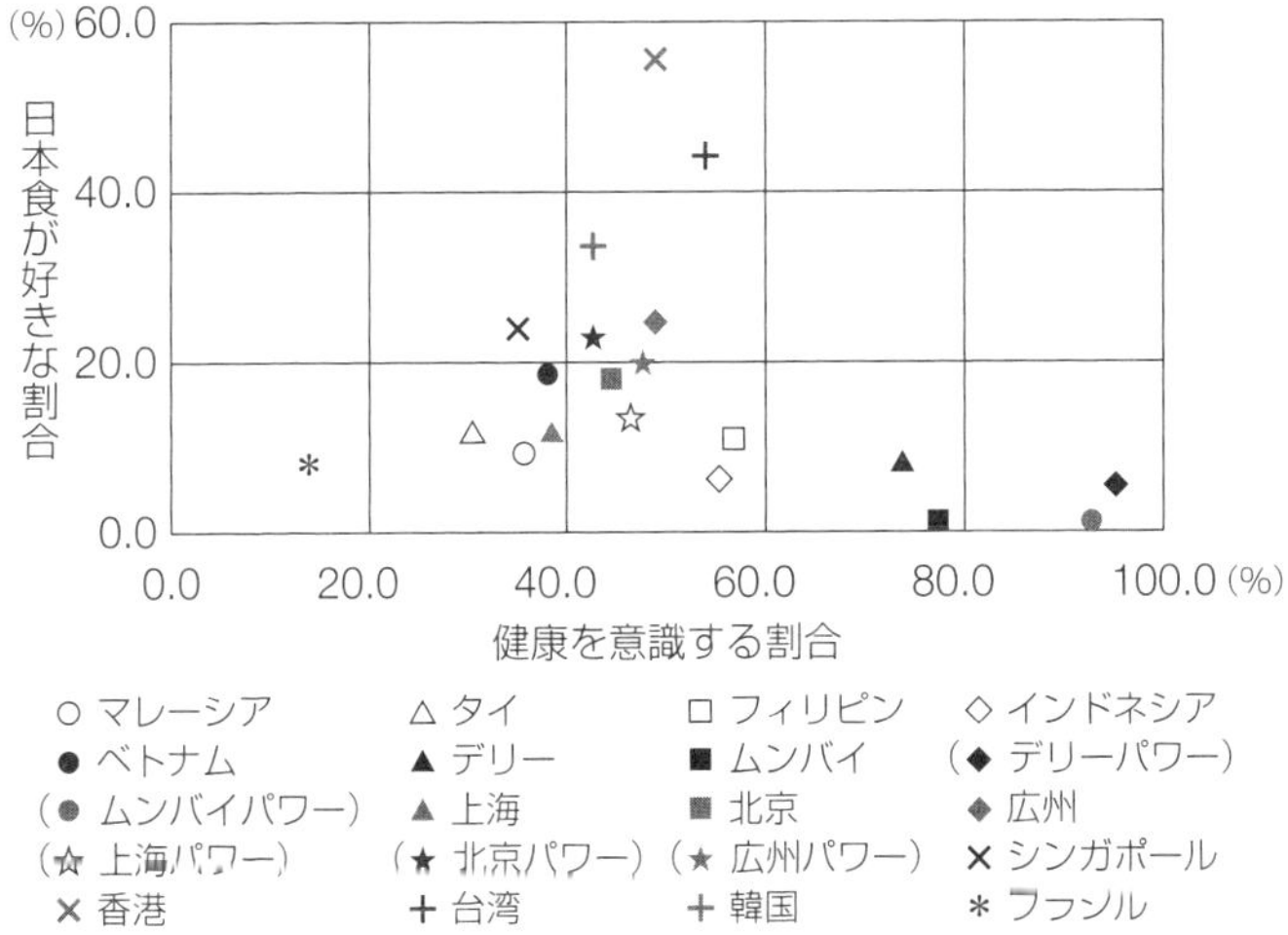

※パワー（パワー生活者層）：各都市人口の上位約10%を占め、消費性向が高いだけでなく、積極的なライフスタイルを送り、高い情報感度を持つなど、マーケティング上重要なパワーある消費リーダー層。パワー生活者に着目することで、より購買力のある層の生活者インサイト、ブランドとの関わりを分析することが可能となる。

出所：Global Habit 2012のデータを基に筆者が作成

トしたものだ。この散布図の相関係数はマイナス０・４０７であり、タイと同様に健康意識の上昇が日本食人気を支えているという説明は説得力を欠く。したがって、健康意識の高まりに伴って、日本食の消費が拡大するというのは、我々日本人の思い込みであった可能性がある。

一連の消費者データが示すように、消費者が日本食に求める真の姿は、従来我々が思い描いていたものと随分異なる可能性がある。ここで誤解がないように補足をするが、上記２つの「通説」を蔑ろにして良いわけではない。日本食を広く普及させるためには、「味が良い」「健康に良い」ことも重要な要素である。消費者は「味が良い」食事を積極的にとろうとするし、「健康に良い」食品を忌み嫌うことはないだろう。ここでお伝えしたのは、タイの消費者をこれら２つの要素を兼ね備えた日本食の消費に向かわせる、別の何かしらの要因が存在しているということである。我々は、その要因が、現地の消費者に「日本食はおいしい料理・健康的な料理」だと想起させるJapanブランドのイメージにあると考えた。次項では、海外でのJapanブランドのイメージと日本食消費との関連性について考えていく。

日本という国に対するイメージと日本食消費

タイの人々は日本に対してどのようなイメージをもち、それが一体どのような形で日本食の消費に繋がっているのだろうか。以下のようなストーリーが想定される。まず、様々な日本製品や日系企業がタイに進出したことにより、タイ人が日本への興味・関心をもつきっかけが増えた。それと当時に、タイ人が日本製品や日系企業から日本を想起する機会が増え、それが日本食に対するイメージを形成し、人々を日本食の消費に向かわせたというストーリーである。以下、この一連のストーリーが存在していることを示すために、様々なデータを基に論じていく。

多くの日系企業がタイに進出しているため、タイには多くの日本製品があふれている。そのため、タイの消費者は外食産業も含めた様々な産業から日本をイメージしている。実際にタイの人々がどのような形で日本を想起するのかを調べるために、博報堂 Global Habit のデータの中にある「日本をイメージする際に考える製品・コンテンツは何ですか？（複数選択）」という質問に対する回答状況を年代別に見てみた。すると、15歳から34歳の人々は自動車、デジタル製品、家電などと関連づけて日本をイメージするのに対し、35歳から55歳の人々は映画や音楽、アニメを関連づけて考える傾向があった。自動車や家電などの日本製品は、現地で「高品質で信頼がおける日本製品」として定着していることを考えると、こうした日本を想起させる製品のイメージが日本食のイメージを向上させる可能性は大いに有り得ると考えられる。

また、35歳以上の人々は日本をイメージする際、映画と結び付け想起していた点が特徴的である。彼らに日本を想起させるような映画として代表的な作品は日本人男性が主人公である「クーカム」が挙げられる。クーカムはタイの国民的な作品であり、非常に人気の高い作品である。１９７０年にＴＶドラマが放映されて以来、５回にわたってリメイクされており、繰り返し映画化もされている。そのため、この映画がタイ人に与えた影響は大きく、日本人男性と聞くと必ず「小堀」という主人公の名前を連想するそうだ。

この作品の中の日本人、小堀は非常に実直な人間であり、その人物像をそのまま日本人の男性像に投影する人が多い。こうした作品の中の日本人の人物像が、日本のイメージ、ひいては日本食のイメージ（味の良さ、高品質など）に繋がっている可能性もある。

以上のように、タイ人が普段日本をイメージする製品やコンテンツが間接的に日本食のイメージ形成に影響していると考えられる。これは、まさしくＪａｐａｎブランドという一種のブランドが、タイ人の消費者に「品質が良く、信頼性が高い」というイメージを伝えることに成功している例である。タイの消費者はこうしたＪａｐａｎブランドに対するイメージと、日本食に対するイメージを自ずと重ね合わせるようになり、それが日本食ブームの隆盛に繋がったと考えられる。

消費者の嗜好に影響するＪａｐａｎブランド

結論として、タイで日本食がブームになる上で、Ｊａｐａｎブランドは間接的に大きな影響を及ぼしたと考えられる。現在、バンコク在住の7割弱の消費者が日本食を好むほどの人気になったのは、やはり製造業やコンテンツ産業がこれまで積み上げてきた「日本＝高品質」というＪａｐａｎブランドの恩恵であったといえるだろう。消費者が抱く「日本のモノは高品質だし、信頼がおける」というイメージは、消費者行動に大きな影響を与え、幅広い産業の動向に影響を与えるのである。ただし、現状のＪａｐａｎブランドのおかげでこの先も日本食がブームであり続けられる保証は全くない。なぜなら、日本食の人気が他産業の影響を色濃く受けるのであれば、日本の製品の人気が落ちることが、日本食人気にも悪い影響を与えることが予想されるからである。特に、韓国企業をはじめとする外資系企業は海外市場の各主要産業でシェアを拡大しており、それが日本食人気に影を落とす可能性もある。それゆえ、日本の外食企業は海外に日本食を広める際に、単に「外食産業」の観点のみから日本食普及の戦略を探るのではなく、その国で日本企業が携わっている「産業全体」の観点から日本食普及のヒントを探っていく必要がある。

4 日本産和牛が危ない？

ここからは「Japanブランドの活用」という視点から、日本産和牛輸出拡大の可能性について検討する。国内市場の需要減退、競争激化が見込まれる中、多くの農林水産物が海外輸出の必要性に迫られている。本節で取り上げる日本産和牛もその1つである。一方、海外に目を向けると東南アジアは新興国としてここ数年の経済成長により富裕層・中間層は増加し、1人当たりの所得も向上し、日本食ブームやWAGYUブームが起こっている。しかし、現在の日本産和牛の海外輸出は決して多くはない。実は日本食レストランで目にする多くのＷＡＧＹＵが日本産ではなくオーストラリア産のＷＡＧＹＵであるというケースが多い。中には、豪州産ＫＯＢＥ ＢＥＥＦという名のＷＡＧＹＵまで存在しており、日本人からすると強い違和感を覚えるようなものまで誕生してきている。

我々は、現在のＷＡＧＹＵブームの多くを外国産ＷＡＧＹＵが担っているという現状に対し、「日本産＝高品質」というＪａｐａｎブランドを活用し、どれだけ外国産ＷＡＧＹＵとの差別化を図ることができるかが輸出拡大の大きな鍵になると考えた。そこで、本節では、まずは日本産和牛の海外輸出の必要性と問題点に触れ、その上で現地の消費者への意識調査を通して、日本が現在行っている輸出拡大に向けた取り組みが本当に有効なものかどうかを検証する。そして、今後Ｊａｐａｎブランドを活用して日本産和牛を輸出拡大していくことができるか否かを検証していく。

日本の牛肉市場の現状と課題

近年、日本の畜産業は苦境に立たされている。特に、１９９１年の牛肉の海外輸入の自由化以降、海外の安価な牛肉の輸入が増え、国内畜産業を取り囲む環境は厳しく変化し、その後もＢＳＥや口蹄疫問題、東日本大震災の影響などにより牛肉の需要は徐々に減少した。今後も、国内で高齢化・人口減少が進行し、牛肉の需要は減少傾向を辿る可能性が高い。

需要が減退していく国内牛肉市場で大きな脅威になるのが、外国産牛肉の存在である。２０１２年時点で日本国内における国産・海外産牛肉の比率は国産約40％、海外産約60％とすでに海外産が大きな割合を占めている。農林水産省の試算によると、現在38・5％の関税がかかっている外国産牛肉も、TPP（＝環太平洋戦略的経済連携協定）の締結を通じ関税が撤廃された場合、牛肉の生産量減少率は約68％、減少額は約3600億円と見込まれている。さらに、牛肉生産量の約75％を占める肉質3等級以下の牛肉の約9割が外国産に置き換わるといわれている。今後、関税が0％になるのはまだ随分先であるとしても、それでも関税が低下していくことはほぼ確実であると考えられる。関税の低下は安価な外国産牛肉をさらに安くするため、国内に流入する外国産牛肉は急激に増えていくことが予想される。そのため、日本の畜産農家は、国内の市場だけに頼るのではなく、牛肉の需要の拡大が見込まれるアジアをはじめとする海外への輸出を拡大していくことが必要である。日本の畜産農家はそうした取り組みを行わないと、今後ますます安価な外国産の牛肉に市場を奪われ、生き残ることが難しくなっていくだろう（**図表3－4**）。

図表3－4　日本の牛肉の輸出量と輸出金額の推移

（単位：トン、％、百万円）

年	輸出量		輸出金額	
	合計	対前年比	合計	対前年比（増減率）
2006	74	—	650	—
2007	271	266.2	2043	214.3
2008	582	114.8	4054	98.4
2009	565	▲2.9	3773	▲6.9
2010	541	▲4.2	3397	▲10.0
2011	570	5.4	3461	1.9
2012	863	51.4	5064	46.3

出所：農林水産省農産物輸出入統計を基に『独立行政法人農畜産業振興機構　畜産の情報』2013年6月号で作成された資料を筆者が加工

日本政府も現状を問題視し、日本産の牛肉の輸出拡大を目標に掲げている。農林水産省は「農林水産物・食品の国別品目輸出戦略」を公表しており、その中で重要品目の1つとして「牛肉」の輸出額を2012年の約51億円から2020年までに250億円にすることを目標にしている。このように、牛肉の輸出拡大は国の政策の重要課題の1つとしても認識されているのだ。

和牛とWAGYU?

前述のように、日本の畜産農家は日本産の牛肉、すなわち和牛の輸出拡大に努めるべきである。しかし、せっかく輸出した和牛の価値が海外の人々に上手く伝わらない可能性が存在している。その原因の1つが「和牛とWAGYUの併存」である。近年拡大している海外での日本食ブームの流れの中で、「WAGYU」を海外の市場やレストランで目にすることがとても増えている。我々がオーストラリアやマレーシア、タイ、シンガポールを訪れた際にも、大抵の日本食レストランやマーケットにて「WAGYU」を頻繁に目にした。

しかし、驚くべきことに、こうして目にしてきたWAGYUの多くは日本産ではなく豪州産をはじめとする外国産である。「和牛」の「和」は、日本を表すものだという認識から、WAGYUは日本産であるはずと思う消費者が多いだろう。我々も、初めて外国産WAGYUを目にした際に、大きな違和感を覚えた。さらに興味深いのは、海外のWAGYU消費者の中には、そもそもWAGYUが何を意味するか分かっていない人が多くいることだ。WAGYUを目にする場所が日本食レストランというケースが多いため、なんとなく日本に由来する牛だろうと見当がついている海外の消費者はそれなりにいるだろう。しかし、海外の消費者の中には、ＷＡＧＹＵはブランド牛の一種でしかなく、「ＷＡＧＹＵは日本語」「ＷＡＧＹＵ＝日本発祥」と認識できていない人も多い。

そもそも、和牛とはどんな牛を指すのだろうか。実は、和牛は遺伝子学的な判断によるもので、特定の牛の〝品種〟を示したものである。それゆえ、和牛自体は必ずしも日本で育っている必要性はない。しかし、農林水産省のガイドライン（２００７年３月）によれば、「和牛」として表示して販売するためには、「１．黒毛和種、褐毛和種、日本短角種、無角和種、また以上の４種による交雑種」かつ「２．国内で出生し、国内で飼養された牛であること」が義務づけられている。「和牛」と類似している、あるいは「和牛」との誤認を生じさせる恐れのある用語に関しては、１を満たしているものに限り表示できるとしている（食肉の表示に関する検討会　２００７）。そのため、現在海外で飼育されている外国産「ＷＡＧＹＵ」は「和牛」と漢字表記することはできない。本書でも、日本産和牛は漢字「和牛」を用い、外国産についてはローマ字「ＷＡＧＹＵ」を使用し区別する。ただし、「ＷＡＧＹＵ」と「和牛」は単なる表記の違いにとどまらない。なぜなら、表記は製品のブランド化に影響を与える非常に重要なものであり、製品のブランドイメージを大きく左右するからだ。

そもそも、ＷＡＧＹＵの始まりは、日本の和牛農家が遺伝子を海外に持ち込んだことであった。オーストラリアに和牛の遺伝子が持ち込まれて以来、ＷＡＧＹＵの飼養はどんどん拡大しており、今ではオーストラリアには日本と同じように豪州WAGYU協会が存在している。このWAGYU協会が積極的に登録事業などWAGYUの普及活動に力を入れている。このWAGYU協会によれば、2012年時に、純和牛が約30万頭、交雑種を含めると、100万頭を越すWAGYUが飼養されているといわれている。日本産和牛と比べ、安価な豪州産WAGYUは急速に輸出を拡大しており、日本産和牛にとっての大きな脅威の1つである。

なぜ日本産和牛の輸出力は弱いのか?―ブランドマーケティングの観点から―

なぜ今まで日本産和牛は輸出力が弱かったのか。和牛自体は、日本国内である一定の地位を確立しており、外国産WAGYUも海外で受け入れられ始めている。したがって、和牛という品種自体に決定的な問題があるわけではなさそうだ。それゆえ、「和牛を売り出す力」、すなわちマーケティング力が不足していた可能性がある。ただし、一口にマーケティング力といっても、和牛の価格が高い、消費者のニーズに適合したものを適切な場所に提供できていないなど、様々な要素が考えられる。おそらく、これらの要因はいずれも正しい。ここでは、数ある要因の中でも特に「ブランドを正しく構築できていないこと」に焦点を当てて、和牛の輸出力の弱さの要因を分析していく。

現在、WAGYUのブランドは徐々に海外の消費者に浸透してきている。しかし、「日本産和牛」に限るとブランディングはできていないと考えられる。豪州産を初めとする外国産と日本産の差別化ができていない、そもそも和牛が日本発祥の牛肉であることを消費者が知らないなど、日本産和牛の認知度やブランド力は非常に小さい。特に、海外で販売する場合、「和牛」という漢字表記のままでは消費者に理解されない可能性が高いため、アルファベットでの表記も併用されることもあり、それが豪州産WAGYUとの差別化をいっそう難しくしている。

他にも「日本産和牛」のブランド化を阻害している大きな要因として挙げられるものが、産地・ブランド単位での和牛輸出である。今まで和牛は、神戸牛や近江牛を各県の農協あるいは輸出業者がそれぞれ輸出するという、県単位やブランド単位での名称で輸出が行われていた。そのため、日本の県名を知らない多くの海外消費者は、和牛が日本産であることすら認知することなく和牛を消費あるいは目にしていた可能性がある。このように、和牛の輸出の仕方が障害となって、「日本産の牛肉」というブランドイメージを上手く消費者に伝達できていない可能性も存在しているのだ。

以上のように、海外消費者が「和牛は日本発祥であること」あるいは「日本産と豪州産が共存していること」をあまり知らないまま、和牛あるいはWAGYUが広まってしまった。こうした状況下では、豪州産と日本産は区別されることが難しく、同じ和牛であれば豪州産より高価な日本産が消費者の選択肢から消えていくことは容易に想像できるだろう。この状況を打開するためには、まずは和牛の正しい知識を消費者に伝え、豪州産と日本産を区別して認識してもらうことが必要である。

すでに政府が中心となって、こうした課題に対し様々な取り組みを始めている。それは、各国でレストラン関係者などを相手に行う和牛セミナーや和牛統一マークの使用だ。今回注目したのが「和牛統一マーク」である（図表3－5）。

「和牛統一マーク」とは、畜産経営を支える指導団体である中央畜産会が管理しているマークであり、日本産和牛と外国産との識別を容易にし、和牛の品質やおいしさを消費者に伝える役割をもっている（食肉の表示に関する検討会　２００７）。例えば、和牛を用いたレストランのメニューや、スーパーマーケット、市場で売られている商品にこのマークが掲載されていることが多い。和牛統一マークを貼ることによって「和牛＝日本の牛」であることをアピールしているのである。豪州産ＷＡＧＹＵと差別化するために「日本産」を推すこの和牛統一マークはすでに、東南アジア、オーストラリアなど、様々な国で流通している。それでは、「和牛＝日本産の牛肉」というブランドイメージの確立を図るこの取り組みは、海外の消費者に日本産という意識を与え、輸出の拡大に貢献することができているのだろうか。現段階では、「和牛＝日本」という認識が低い、もしくは「自分が消費している外国産ＷＡＧＹＵが日本産和牛と同じものである」と思い込んでいる可能性が考えられる。要するに、日本産和牛に効果を発揮するはずのＪａｐａｎブランドが外国産も含むＷＡＧＹＵ全体のブランド化にとどまり、日本産と豪州産の差別化まではできていないのではないだろうか。

図表3－5　和牛統一マーク

出所：JLIA 和牛統一マークの紹介

　東南アジアの国々は親日的な国や日本に憧れを抱く国が多く、日本に対しポジティブなイメージをもっている消費者が多い。近年の日本食ブームもこうした流れの1つだと考えられている。だとすれば、日本は和牛統一マークによる「和牛＝日本産」アピールをすることにより、Ｊａｐａｎブランドを全面に押し出して日本産と外国産の差別化を行うことで、海外の消費者の牛肉の選好に影響を与えることが可能なのではないか。次項からは、実際の海外の消費者への意識調査の結果を基に、和牛統一マークによるブランディング戦略の可能性を探っていく。

消費者意識調査から見る日本産和牛の可能性

今回、ＡＳＥＡＮ諸国＋中国（以降中国を含めＡＳＥＡＮとして表記する）・オーストラリアの消費者を対象に、彼らが和牛・ＷＡＧＹＵについてどの程度の認知をしているのかを中心に、インターネットを用いた一般消費者向けアンケート調査（ＡＳＥＡＮ：一般男女 61サンプル、オーストラリア：一般男女49サンプル）を実施した。

主な質問内容は、和牛の存在認知、購入・喫食経験、食した和牛が何産か、日本における和牛の定義を知った場合、購買意欲がどう変化するか、和牛統一マークを目にしたことがあるか、またマークがあなたに与える印象である。また、農林水産省の「緑と水の環境技術革命プロジェクト」の「外国産ＷＡＧＹＵの流通実態把握調査」におけるシンガポールへの消費者アンケート（20～69歳一般男女２０８サンプル）も参考にした。

まず、和牛（WAGYU）の認知度に関しては、豪州・ASEAN諸国ともに約90％が「聞いたことがある」という結果が出た。ここから和牛あるいはWAGYUの認知度・ブランド力の高さをうかがうことができる。多くの消費者にとっては、目にするものが日本産和牛でも豪州産WAGYUでも「WAGYUはWAGYU」である。その点では、豪州産WAGYUもJapanブランドの恩恵を受けているのかもしれない（**図表3－6**）。

次に、「日本における和牛の定義によれば、和牛は日本で生まれ、日本で飼養されていなければならないという事実を知ると購買意欲がどう変わるか（価格は日本産の方が約2倍程度高い）」と尋ねた質問では、オーストラリア、ASEAN諸国の消費者は、日本産の方が価格が高いにも関わらず、ともに「豪州産から日本産にシフトするかもしれない」と回答する人が多かった（**図表3－7**、**図表3－8**）。消費者がオリジナルを求めている、または「豪州産」

図表3-6　和牛の認知度調査の結果

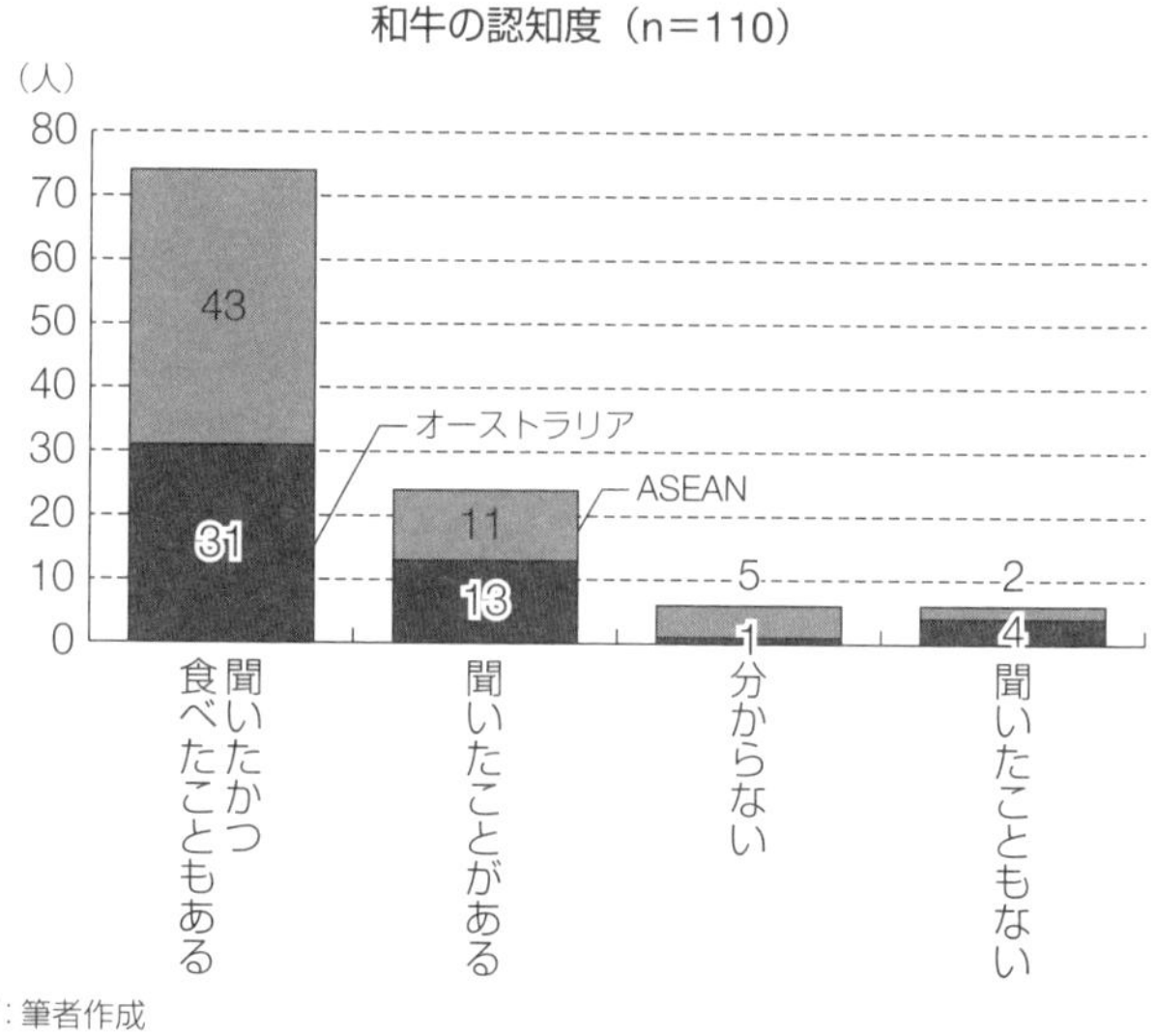

出所：筆者作成

図表3-7　オーストラリアの消費者の結果

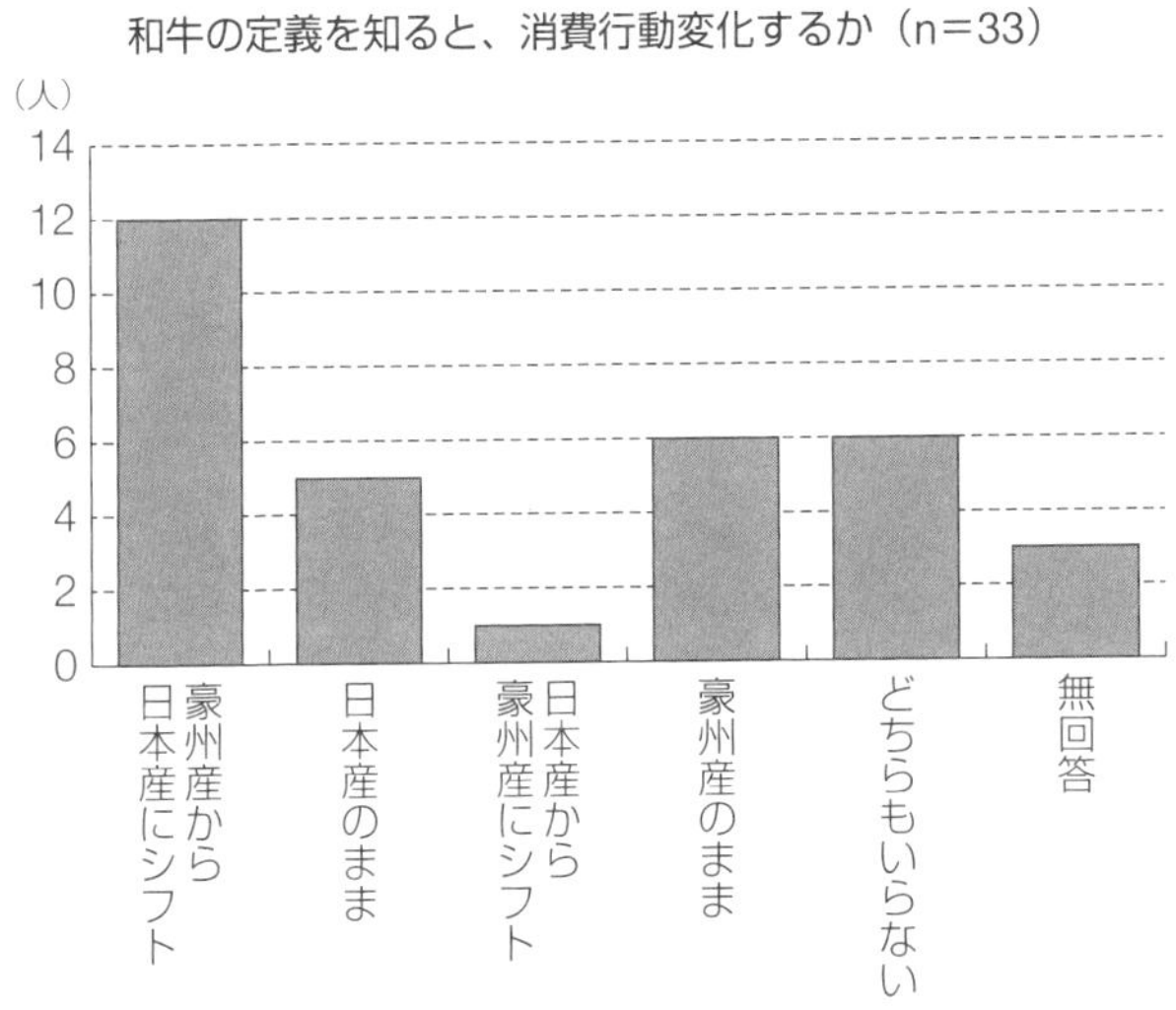

出所：筆者作成

図表3-8　ASEANの消費者の結果

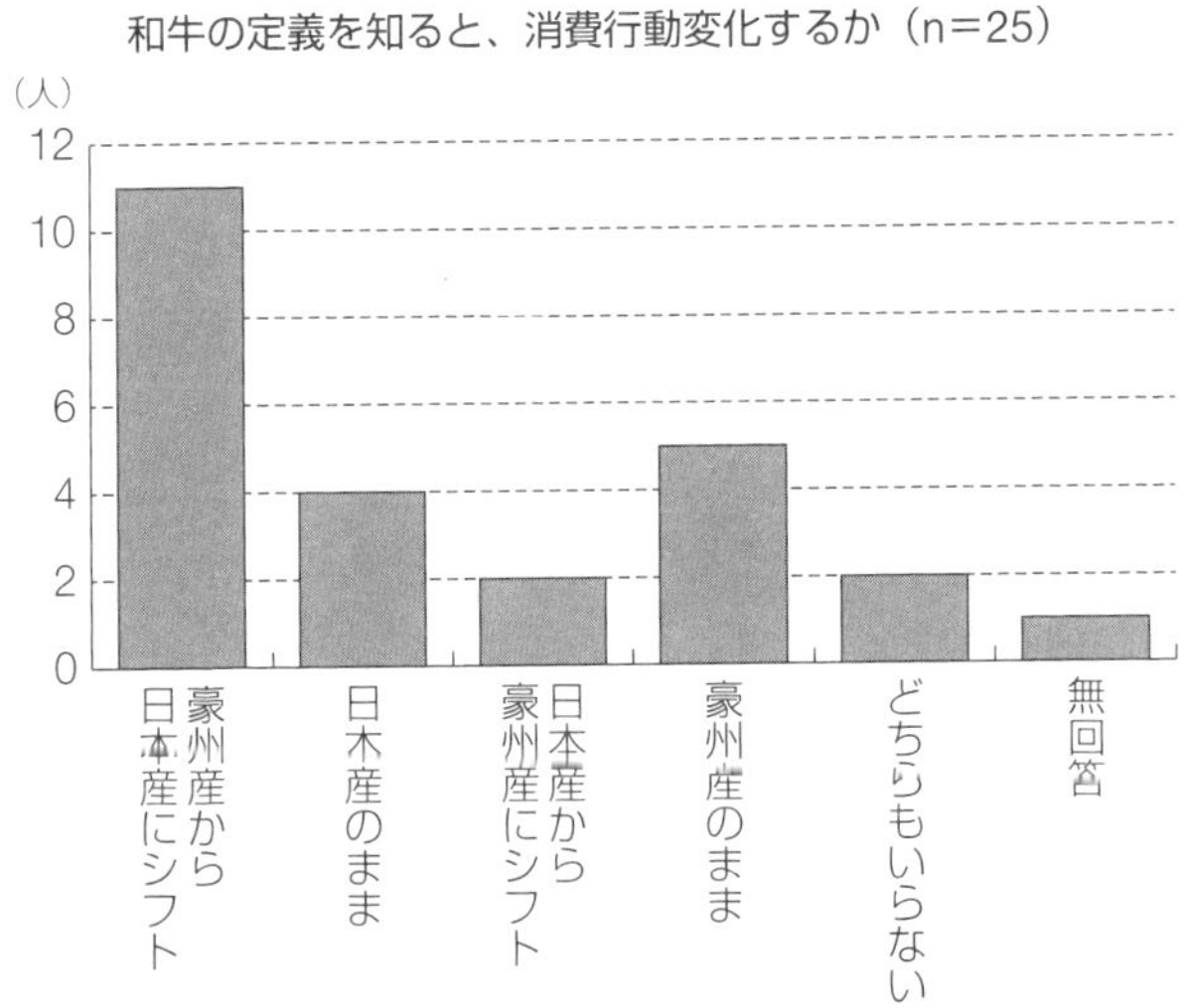

出所：筆者作成

よりも「日本産」であることに何らかのプレミアを感じていると推察される。したがって、もし日本における和牛の定義を適切に一般消費者に伝えることができるのであれば、「日本産」というＪａｐａｎブランドを前面に押し出したマーケティングは効果的に作用するのではないかと考えられる。

　続いて、「和牛統一マークが与える印象」について尋ねたところ、「和牛統一マークによって国産と豪州産が識別可能になる」と答える回答者が多かった（**図表3－9**）。使い方次第で和牛統一マークは大きなポテンシャルを秘めていると考えられる。「和牛は日本で生まれ育った牛であるという日本における和牛の定義を知ると、消費行動がどう変化するか」という先ほどの質問で、「日本産のまま」あるいは「豪州産から日本産にシフトする」と答えた回答者の中で、和牛統一マークの有用性があると答えている回答者の割合を分析してみた。すると、多くの回答者が「和牛統一マークが日本産と豪州産を識別可能にする」と答えていた。このことから和牛統一マークが消費者に広く浸透すれば、消費者が日本産和牛を選ぶ機会が増え

図表3-9　和牛統一マークの認識に関する調査結果

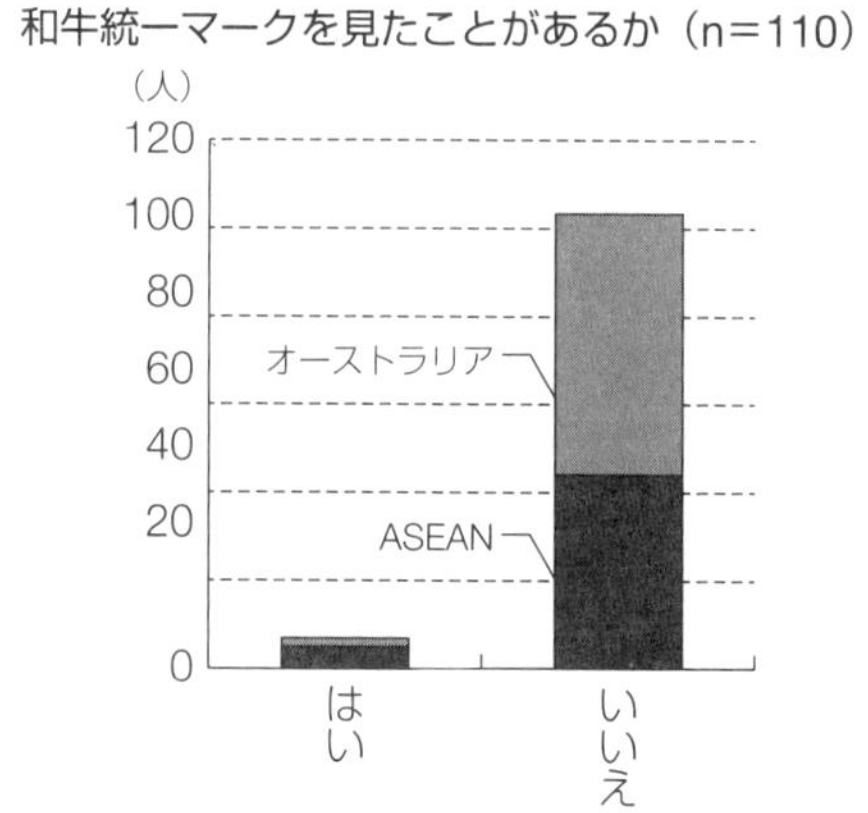

出所：筆者作成

るのではないだろうか。

しかし、肝心の「和牛統一マークを目にしたことがあるか」と尋ねた質問に対し「和牛統一マークを見かけたことがある」と答えた回答者は著しく少なかった。これは、消費者はマークを目にしたことがあっても、マークがもつ意味あるいはその重要性を感じていない、もしくは意識していないために記憶に残らず見たことがないという結果になっているのではないだろうか。このことは、今後の和牛統一マークによるブランド戦略における課題を示している。すなわち、単に和牛統一マークの流通量を増やすだけでなく、記憶に残るようなプロモーションや和牛統一マークの意味を伝える食育の場をメディアなど通じて別に設けることが、今後の和牛輸出の拡大のために必要なのだ。現時点で和牛セミナーは世界各国で開催されているが、BtoB向けに限らず、消費者に向けた食育の機会もより積極的に作ることが必要だと考えられる。

5 3つの事例から見えてくるJapanブランドの有効性

本章では、ユニクロ、日本食、日本産和牛の3つの事例を見てきたが、この3つの事例で共通していることは海外市場におけるJapanブランド活用の有効性である。

ユニクロは日本では安さを1つの売りにして成功しているが、海外の消費者が日本のファッションに求めているイメージはあくまで高品質・高価格であった。要するに、安さは必ずしも求められていないのだ。海外事業開始当初の失敗からこのことを学び、安さで勝負するのではなく、高品質なJapanブランドであることを前面に押し出したブランド戦略に切り替えた中国ユニクロは大逆転を果たした。日本企業が海外に進出する際は、中国をはじめとする他のアジア新興国の間に広く存在する「日本=高品質」イメージを利用し、日本国内とは異なるブランド戦略を考える必要があり、そのアイデアの1つとして「Japanブランド」を押し出すブランド作りが有効であると考えた。

日本食の事例からは日本のイメージが日本食消費を促進していることが分かった。タイに関しては、完全に現地にローカルフィットし「本物」から大きくかけ離れた日本レストランも数ある中で、日本食全体のイメージを「味はおいしく健康的な料理」というイメージを構築できたのは、高品質な日本製品や実直・誠実で職人気質な日本人像がそのイメージに大きく影響を与えたからではないだろうか。そして日本食に興味をもった人々が、実際に日本に旅行し本場の日本食に触れることでそのイメージを確立していると考えられる。そのため、日本食ブームの背景にはJapanブランドがあるのではないかと考えられる。

和牛の事例から、和牛統一マークによる日本産和牛と外国産WAGYUの差別化をすることで、本物の日本産和牛を食べてみたいという消費者の声が実は多くあることが分かった。このことから、改めて、

Ｊａｐａｎブランドを押し出す戦略は有効だと考えられる。しかし、現時点では、Ｊａｐａｎブランドは外国産ＷＡＧＹＵを含めたＷＡＧＹＵ全体に作用していると考えられる。この一種の混乱を解消し、日本産和牛の輸出を拡大するためには、Ｊａｐａｎブランドを前面に押し出す和牛統一マークの活用の仕方が重要である。

以上の事例から分かることは、ローカルフィット戦略とも統一マーケティングとも異なる、第３の選択肢としてのＪａｐａｎブランド戦略の有効性である。Ｊａｐａｎブランドを全面に押し出していけば、日本に対してもつイメージが消費者の中で具現化され、日本製品が海外で受け入れられるきっかけになる可能性がある。

参考文献

安部新一（２０１０）「日本産牛肉にみる輸出先国のマーケット事情と販売状況～シンガポールの事例～」『畜産の情報』９月、独立行政法人農畜産業振興機構ホームページ（http://lin.alic.go.jp/alic/month/domefore/2010/sep/spe-01.htm）（２０１６年８月25日閲覧）。

安西洋之・中林鉄太郎（２０１１）『「マルちゃん」はなぜメキシコの国民食になったのか？』日経ＢＰ社。

井内摂男（２０１３）「タイ経済の現状と課題」ジェトロバンコク事務所。

伊藤久美・西村博昭（２０１５）「豪州のWagyu生産および流通の現状」『畜産の情報』３月号、独立行政法人農畜産業振興機構ホームページ（http://lin.alic.go.jp/alic/month/domefore/2015/mar/wrepo02.htm）（２０１６年８月

25日閲覧）。

甲斐諭（２０１３）「牛肉の輸出推進を目指した産地の取り組みと課題」『畜産の情報』６月号、独立行政法人農畜産業振興機構（http://lin.alic.go.jp/alic/month/domefore/2013/jun/spe-01.htm）（２０１６年８月25日閲覧）。

株式会社博報堂（２０１２）「アジア14都市における日本製品イメージ」『博報堂のグローバル生活者調査レポートGlobal Habit』２月10日 Vol.1（http://www.hakuhodo.co.jp/uploads/2012/02/20120210GlobalHABIT.pdf）（２０１６年８月25日閲覧）。

株式会社博報堂ブランドコンサルティング（２００９）『図解でわかるブランドマーケティング〔新版〕』日本能率協会マネジメントセンター。

株式会社リクルートライフスタイル（２０１３）「ＡＳＥＡＮ３ヵ国じゃらん訪日インバウンド・ニーズ調査」リクルートライフスタイルホームページ（http://www.recruit-lifestyle.co.jp/news/2013/03/26/20130327_jalan.pdf）（２０１６年８月25日閲覧）。

川嶋幸太郎（２００８）『なぜユニクロだけが売れるのか―世界を制するプロモーション戦略と店舗オペレーション』ぱる出版。

観光庁「訪日外国人消費動向調査 平成25年の年間値の推計（暦年）」国土交通省観光庁ホームページ（http://www.mlit.go.jp/kankocho/siryou/toukei/syouhityousa.html）（２０１６年８月25日閲覧）。

ジェトロセンサー（２０１３）「特集　日本食　世界へ―健康志向を追い風に―」11月号。

食肉の表示に関する検討会（２００７）「和牛等特色ある食肉の表示に関するガイドラインについて」３月20日、農林水産省ホームページ（http://www.maff.go.jp/j/press/2007/pdf/20070326press_6b.pdf）（２０１６年８月25日閲覧）。

総務省「24年版 我が国のポジションの低下」総務省ホームページ（http://www.soumu.go.jp/johotsusintokei/whitepaper/ja/h24/html/nc112110.html（２０１６年８月25日閲覧）。

独立行政法人農畜産業振興機構（２０１３）『畜産の情報』６月号（http://lin.alic.go.jp/alic/month/domefore/2013/jun/index2.htm）（２０１６年９月12日閲覧）。

日経情報ストラテジー（２００７）「ユニクロ（中国戦略）」11月22日号。

日経ビジネス（２００７）「七転び八起き 我が社の富裕層攻略法」２月12日号。

日経ビジネス（２０１３）「日本食経済圏　世界が食いつくブームの裏側」７月15日号。

日本政策投資銀行南九州支店・株式会社日本経済研究所（２０１４）「畜産業界調査 報告書～「畜産王国」南九州の成長戦略～」５月、日本政策投資銀行ホームページ（http://www.dbj.jp/pdf/investigate/area/s_kyusyu/pdf_all/s_kyusyu1405_02.pdf）（２０１６年８月25日閲覧）。

農林水産省「農林水産物輸出入統計」（http://www.maff.go.jp/j/tokei/kouhyou/kokusai/）（２０１６年９月12日閲覧）。

博報堂研究開発局「Global Habit 2012」株式会社博報堂ホームページ（http://www.hakuhodo.co.jp/uploads/2012/04/HAKUHODO_GH2012_J.pdf）（２０１６年８月25日閲覧）。

菱沼毅（２０１６）「わが国の牛肉輸出の現状と今後に向けて」独立行政法人農畜産業振興機構ホームページ（https://www.alic.go.jp/content/000110154.pdf）（２０１６年８月25日閲覧）。

古谷千絵（２００９）『いちご、空を飛ぶ 輸出でよみがえるニッポンの農』ぎょうせい。

元橋一之（２０１３）『グローバル経営戦略』東京大学出版会。

横田哲治（２０１３）『和牛肉の輸出はなぜ増えないのか』東洋経済新報社。

Australia Wagyu Associationホームページ（http://www.wagyu.org.au/）（２０１６年８月25日閲覧）。

JETRO（２０１０）「外食産業の動向―本物を求めるタイの富裕層消費者」10月、日本貿易振興機構ホームページ（http://www.jetro.go.jp/world/asia/th/foods/trends/1010001.html）（２０１６年８月25日閲覧）。

JETRO（２０１４）「日本食品に対する海外消費者アンケート調査（タイ）（２０１４年３月）」３月３日、日本貿易振興機構ホームページ（http://www.jetro.go.jp/industry/foods/reports/07001595）（２０１６年８月25日閲覧）。

JLIA「にっぽんの味　おいしい和牛　世界的に人気が高まる和牛ブランド」公益社団法人中央畜産会（http://jlia.lin.gr.jp/wagyu/jpn/index.html）（２０１６年８月25日閲覧）。

Searchina「味千ラーメン、中国でイメージダウン＝日系外食の代表格が苦境」２０１１年８月18日（http://news.searchina.ne.jp/disp.cgi?y=2011&d=0818&f=national_0818_184.shtml）（２０１６年８月25日閲覧）。

第4章

学び4：グローバル人材活用術

1 人材のグローバル化で遅れる日本企業

前章までは、UX、コンシューマーインサイト、Japanブランドなど、日本企業が次に学ぶべき事項を戦略コンセプトの形で示してきた。したがって、企業がターゲット市場を捉えたり、事業展開したりする際に参照すべき考え方を提示してきたといえるだろう。しかし、日本企業が今後そうしたこれらの事項を学び、活用していく上で、それらを上手く運営していくための組織人員を用意しなくてはならない。そこで、必要になってくることがグローバル人材の活用である。特に、本章では「留学生をグローバル人材として活用すること」に焦点を当てて、日本企業のグローバル人材活用術を説明していく。

人・モノ・金・情報の流動性が飛躍的に高まり、ビジネスにおいて国境という概念が日々薄れつつある現在、グローバル化は世界中で多くの企業がまさに直面している課題である。特に日本では、欧米各国と異なり独自の発展を遂げてきた日本的経営のシステムにより、製品のグローバル化は進んでいても、「組織のグローバル化」という面では大変遅れを取っているといわれてきた。厚生労働省が行った「企業本社における外国人社員の活用実態に関するアンケート調査」によると、対象となった東証一部上場企業

255社のうち、外国人雇用の経験が全くないと答えた企業は37・6%に当たる96社、また、本社における外国人社員比率は実に0・26%にとどまり、いかに日本企業のオフィスが日本人であふれているかが分かる（厚生労働省 2008）。

しかし、労働力人口の減少が急速に進み、国内市場の縮小も不可避とされるこれからの日本で、外国人労働者は労働力不足を補う目的のみならず、海外市場を含めた多様性のある市場に対応するための高度人材（企業で総合職として働く、管理職、あるいは将来管理職となることを期待された人材）としての活躍が期待されるはずである。グローバルに企業活動を展開するにはグローバルな人材が必要であり、多国籍人材は社内ダイバーシティーの充実に加え、グローバルな日本人社員の育成を考える上でも重要となってくることは間違いない。

以上のような前提に立ち、どうすれば日本で働く多国籍人材が増えるのかを考察することが、本章の目的である。本章では、我々にとって身近な留学生に焦点を当て、日本の労働環境を見直した上で、我々と同大学に通う留学生を対象に行ったアンケート、並びにヒアリング調査の結果などを踏まえながら、日本で働くことの難点と魅力を考えていく。

数字から見る日本の労働の現状

まず初めに、日本の労働環境をいくつかのデータを用いて海外のそれと比較しながら解説していく。

①労働時間

図表4−1は、ＯＥＣＤが発表したデータを基に作成された、各国1人当たりの年間実労働時間平均値の推移を示すグラフである。データには、フルタイマー、パートタイマー、自営業が含まれている。これによると、日本はここ40年ほどの間、労働時間が短縮される傾向にある。日本ではパートタイマーの比率が年々増加傾向にあるので、それによって平均労働時間が引き下げられているという側面もあるが、政府が労働基準法の改正などにより日本人の長過ぎる労働時間の短縮に努めてきた結果も表れている。

しかし、依然として日本の労働時間は世界的に大変高い水準にあり、長年にわたり染み付いてきた〝日本＝長時間働く国〟というイメージを払拭するには至っていない。加えて、このグラフの基となった調査は企業が賃金支払いのために把握している労働時間（所定内外を含む）が対象となっており、いわゆるサービス残業や会社外での労働時間は含まれていない。それらが考慮された、世帯を対象とした労働力調査の週間就業時間（残業、副業を含む毎月の月末1週

図表4−1　年間実労働時間の国際比較（1960～2013年）

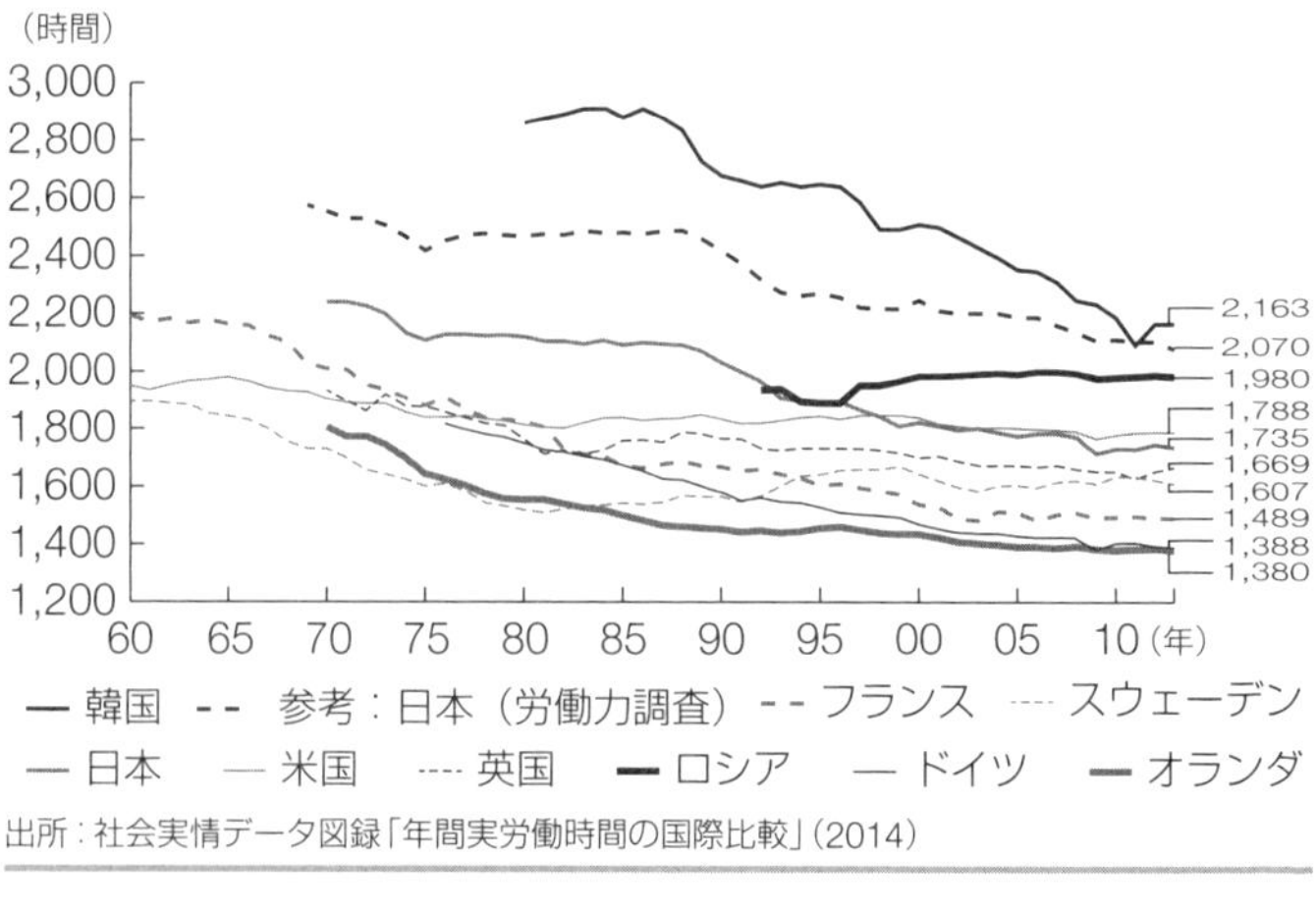

出所：社会実情データ図録「年間実労働時間の国際比較」（2014）

間の実際の労働時間）を年間換算した値が、参考：日本（労働調査）の点線で示された数値である。この方がより実感に近いデータだといえるが、これによると年間労働時間は現在もなお2000時間を上回っている。

②給与

従業員1人当たりの平均年収（ボーナス・残業代を含む）は、2013年のデータで日本は4万798US$であり、世界第17位に位置している。上位にはスイスやオーストラリア、北欧諸国といった日本より物価の高い国々や、ドイツ・アメリカといった経済国が並んでおり、日本はアジアの中ではトップである。

世界と比較したときに平均給与自体が問題として挙げられることは少ない一方で、日本の給与体系の性質として特筆すべきは、管理職者の給与水準である。**図表4-2**は、ヘイコンサルティンググループの調査を基に作成された、各国の管理職の平均年収を表すグラフである（PRESIDENT Online 2014）。日本の課長級の年収が「1」と指数化され、国別、役職階級別に数値が示されている。これを見ると、課長級では日本は中国・ロシア・タイと比較して約2倍、アメリカとほぼ等しい値となっており、平均年収のランキングと類似する。しかし、部長クラスでは日本の1・36に対してタイは1・35と同水準になり、中国には1・64と逆転を許す。部門長クラスともなるとその差は歴然で、日本の伸び率の低さ、給与の頭打ちが浮き彫りとなる。

年功序列、終身雇用という独特の制度が定着している日本では、給料が大幅に下がることや首を切られることが海外企業と比較して非常に少ない。そのため、年功者に支払われる給料による圧迫が原因となって優秀な管理職者への大幅な給与アップができず、結果として給料がそこそこな管理職の数ばかりが増加し、能力による差の少ない給与体制となりがちである。そのため、成果主義や能力主義が浸透している海外企業に比べ、優秀な人材があまり得することができないシステムになってしまっている。

③女性の働き方

男女の働き方の違いも、日本の労働環境の1つの大きな特徴といえる。OECDの発表によると、2013年の日本の女性（23歳～54歳）の就業率は70・8％と前年から1・6％上昇し、改善の傾向を示している（OECD　2014）。しかし、これは34の加盟国中23位であり、依然として高い数値とはいえない。労働力人口の減少に伴い、日本では女性の社会進出がより重要となってくる中、他国に引けをとる育児支援制度や学童

図表4-2　各国の役職階級別の平均年収

※日本の課長級を1とする。

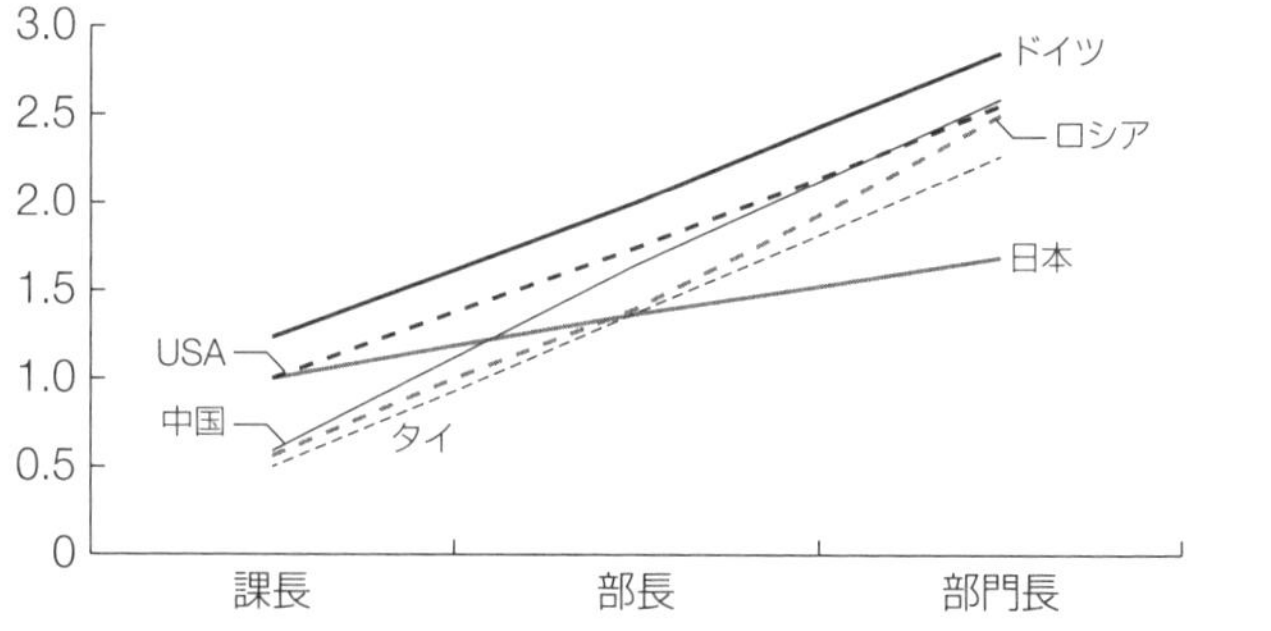

出所：PRESIDENT Online、2014年5月19日号

保育制度を充実させる必要性が訴えられている（日本経済新聞　２０１４）。

就業率以上に問題となっているのが、女性管理職比率の低さである。２０１１年の全就業者に占める女性の比率は42・２％であり、アメリカの46・９％、フランスの47・５％とそこまで大きな差は見受けられない（独立行政法人労働政策研究・研修機構　２０１３）。しかし、**図表４-３**が示すように、管理職従事者に焦点を当てたとき、女性の割合の少なさが目立つ。その理由としては、厚生労働省の調査によると「現時点では、必要な知識や経験、判断力などを有する女性がいない」が最も大きなものとなっており、日本企業に女性管理職者を受け入れる準備がないというよりは、出産・子育てによる勤続年数の短さや、男女の学歴の差などが生んだ結果だと考えられる（厚生労働省　２０１２）。女性の就業率増加に伴い管理職比率の割合も徐々に改善されていく期待はあるものの、正社員としての女性雇用や労働時間などに関する人事

図表 4-3　各国の女性管理職比率

※日本は 2012 年、その他の国は 2011 年

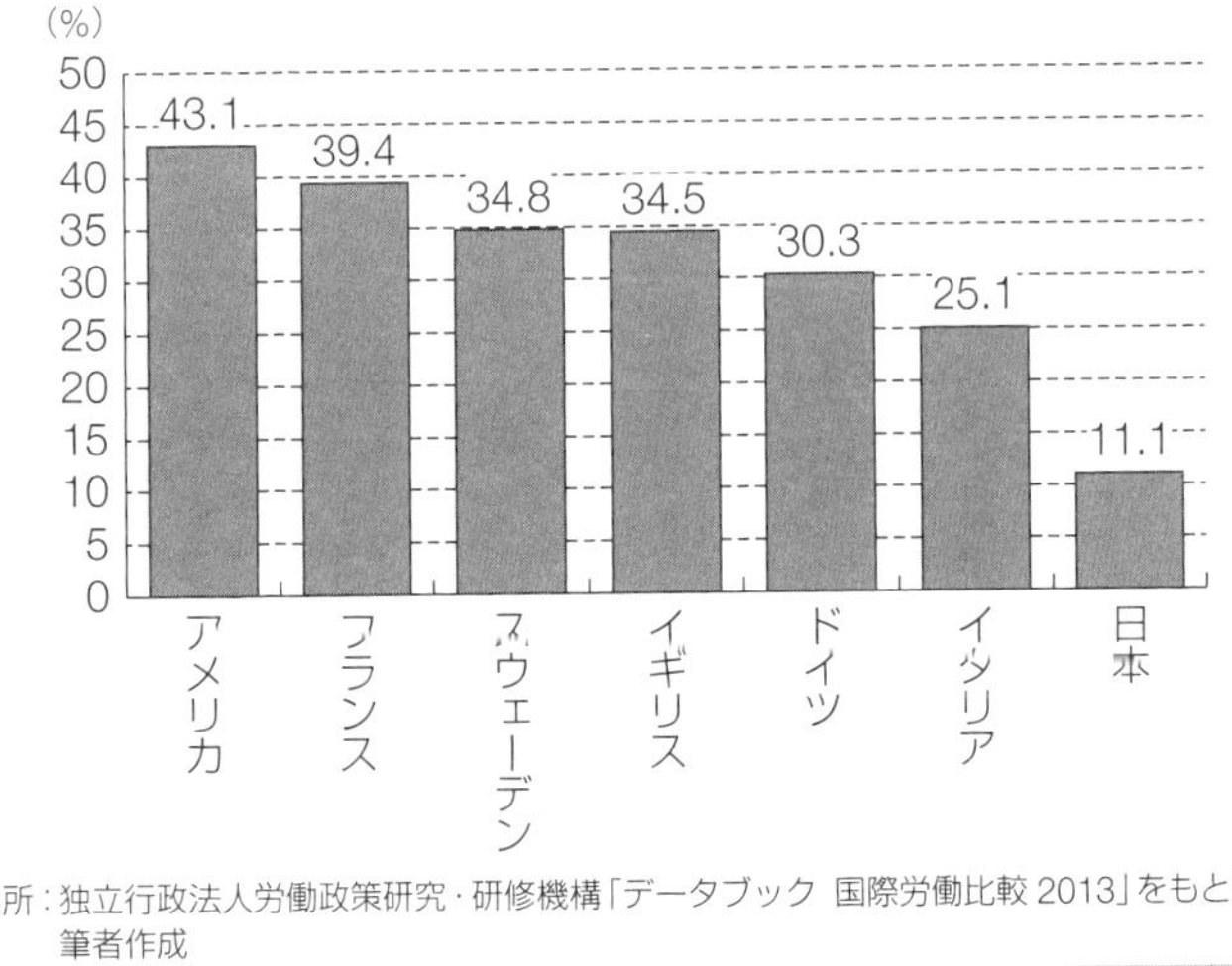

出所：独立行政法人労働政策研究・研修機構「データブック 国際労働比較 2013」をもとに筆者作成

制度改革を官民協力して進めなければ、欧米諸国の水準まで達することは難しいであろう。

④転職

終身雇用が根付いた日本では、転職の平均回数が他国と比べて大変少ない。リクルートワークス研究所が各国の20代、30代の男女を対象に行った調査によると、アジアの中で日本の平均転職回数は最小である（**図表4−4**）。特に20代での転職の少なさが際立つ結果が出ており、男女ともに7割以上が転職回数0と回答している。これは、日本では副業をもつ人の割合が圧倒的に少ないことにも深く関係しており、1社に骨を埋める覚悟で尽くす、という日本の昔ながらのスタイル・制度に起因していると考えられる（リクルートワークス研究所　２０１３）。

図表4-4　平均転職回数の比較

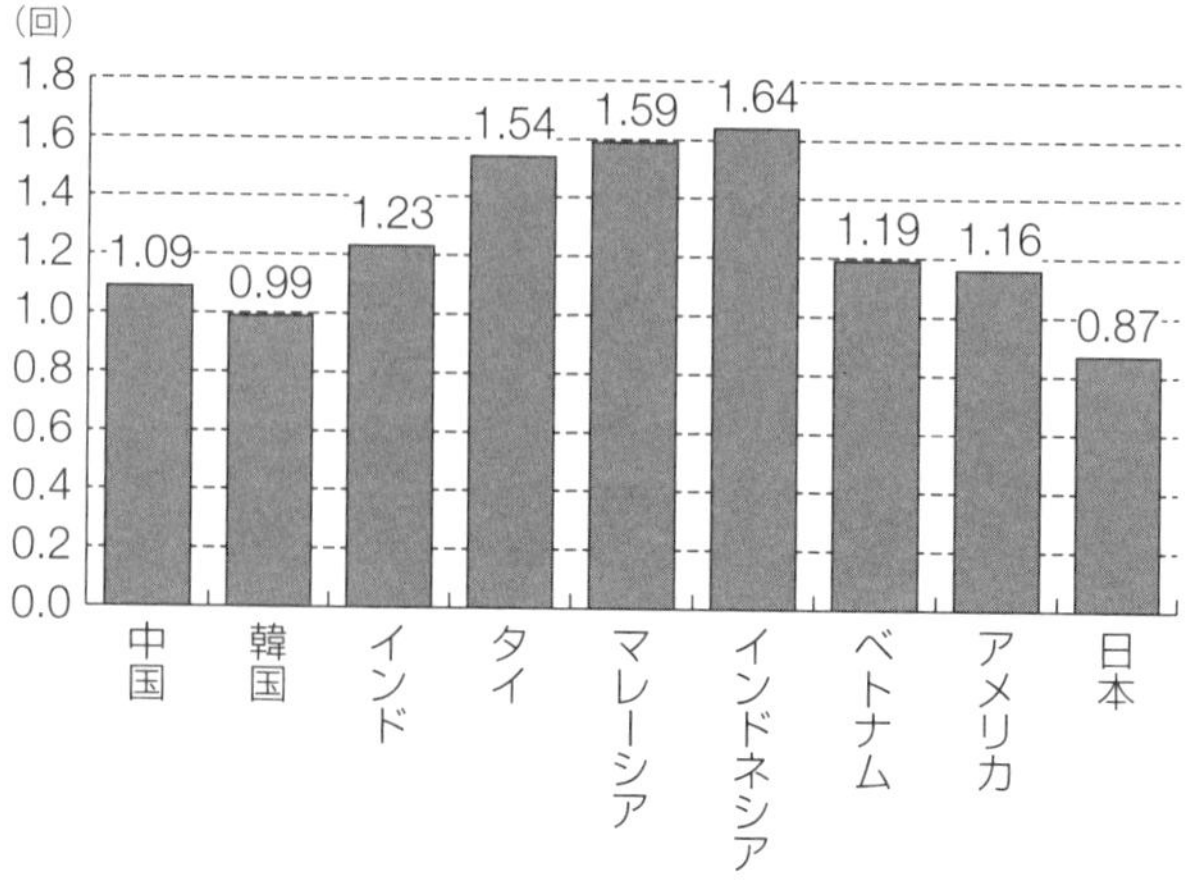

出所：リクルートワークス研究所（2013）「アジアの「働く」を解析する」

2 日本の労働環境の近未来シナリオ

一方、日本の労働環境の近未来に目を転じてみると、暗澹たるシナリオが浮かぶ。リクルートワークス研究所が2015年に発表した研究レポート「2025年 働くを再発明する時代がやってくる」によれば、現在のままの労働環境が続いた場合のシミュレーションでは、2025年の日本では総就労人口が2015年より183万人も減少し、同時に平均所得（年収）は現在の355万円から13万円も減少して342万円になると予測している。このようなことになってしまう原因は少子化である。興味深いのは、34歳以下の就業者がこの間に110万人減と、2015年比で約1割近くも減少するという予測がなされている点である。同時に女性の社会進出の活発化によって、女性就労者が47万人増加すると予測しているにも関わらず、その増加を帳消しにしてしまい、しかもなお穴が埋まらないという構図だ。しかもその間、完全失業者は今よりさらに減少すると予測しているのである。

これを現実のシーンに当てはめると、人手不足で仕事現場が回らなくなり、出産育児後の女性社員がどんどん現場復帰するようになっているのだが、それでもなお新卒の社員が十分に入社してこない状況のため、会社の業績が思うように上向かない、という状況であろう。当然、給料も上がらない。事実、2016年現在でもすでに、一部の流通業やサービス業では、このような状況が発生し始めている。今後10年あまりで、同様な状況が大手の大企業にも拡大していく危険性は十分にある。2025年の日本は、本当にこのような魅力に乏しい社会になってしまうのであろうか。

このシミュレーションが意味するところは、極論をすれば、日本の労働システムがもはや独力では現状の衰退基調から回復できない、ということであろう。失業や男女差別など、従来からいわれてきた問題を解決してもなお、少子化の大きなインパクトには勝てそうにない、ということだ。そうであるなら、外部からのパワーを注入することでしか、現状の衰退基調から脱する方法はない、ということもいえそうだ。このシミュレーションでは、海外からの大量の労働力流入などは想定していないので、まさに逆説的に、本章が焦点を当てるグローバル人材の活用に期待が高まる。

3 日本企業は留学生の目にはどのように映るのか

ここまでは労働時間、給与、男女格差といった、数値として表れやすい項目に焦点を当て日本の労働の現状を俯瞰してきた。また、シミュレーション分析の結果を基に、今後の日本の労働環境に待ち受ける大問題を垣間見た。

本節からは、筆者らが実施した留学生へのアンケート調査の結果を基にして、彼らが日本企業をどのように捉えているかを把握していく。多国籍な人材を日本企業が獲得するためには、外国人が抱く日本企業で働くことのイメージを知り、それをより良いものへと変えていくことが重要である。そこで我々は、一橋大学の学部・大学院に在籍する正規留学生（日本の大学の学部・院を卒業する予定の長期留学生）50名を対象に、就職志向などに関するアンケート調査を行った。回答者50名のうち、学部生・院生の割合は約7対3、国籍の内訳は、韓国19名、中国・香港・台湾11名、東南アジア9名、モンゴル3名、その他4名未記入1名、であった。この調査は小規模なものなので、これだけで全てが把握できるとはいえないが、外部の目から日本の労働環境がどのように見えているのかを概観するための参考になると思われる。

まず、「就職先として今現在どのような選択肢を考えているか」という問いに対して複数選択可で答えてもらったところ、結果は**図表4－5**のグラフのようになった。

日系企業と回答した留学生が過半数を占め、次いで日系以外の外資系企業、母国企業の順で希望者が多い。外資系企業を選んだ者からは、金融系やコンサルタント系企業を希望する声が多く聞かれた。新卒の就職先として最難関ともいわれるこれらの業種を多く志向するこの傾向は、一橋大学ならではといえるかもしれない。希望する理由としては、自らの言語能力や専攻分野で学んだことを活かしたい、将来的にＭＢＡ取得などを考えているのでそのような融通の利きやすい企業が良い、望ましい給料がもらえる、などが挙げられた。

次に、日系企業の就職を希望していないと答えた24名に対し、その理由を複数回答可で尋ねたところ、結果は**図表4－6**のようになった。

最も多かった回答は、「労働時間が長い」である。前節でも触れたように、日本企業では長時間労働を強いられやすいというイメー

図表4-5　留学生の希望就職先（n=50）

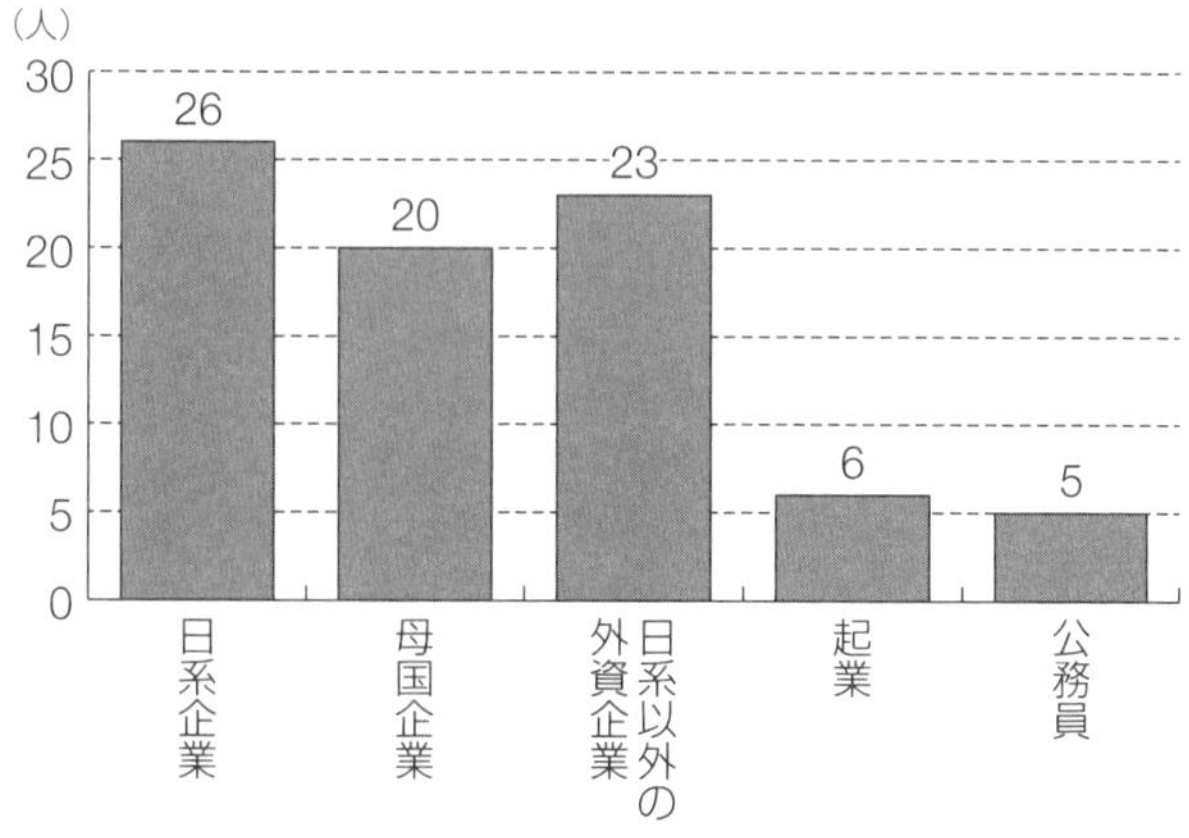

出所：筆者作成

ジが留学生の中には強いようである。次に多かったのは、「違う国に住みたい」「転職しづらい」という2つの回答である。前者に関しては、日本に住みたくないというよりも、留学後は母国で生活したいという意見が主であった。また、後者に関しては、キャリアアップを求めて転職をしたい留学生にとって、転職のしづらさはやはり大きな懸念点の1つであるようだ。

ここで興味深かったのが、「その他」である。その他の回答は全て、社内での複雑な人間関係を懸念する意見であった。上下関係が厳しそう、日本人独特の付き合いが面倒そう、といった声が聞かれた。「日本企業で働くことに、あなたや母国の人はどのようなイメージをもっているか」という別の質問に対しても、儀礼や習慣を重んじる、日本の組織の〝固さ〟に関する回答が目立った。海外の仕事の現場とは異なり、付き合いや集団主義を重んじる仕事の現場へのイメージが、外国籍人材が日本企業を敬遠する1つの要因になっていることは間違いない。

図表 4-6　日系企業への就職を希望しない理由（n=24、複数回答可）

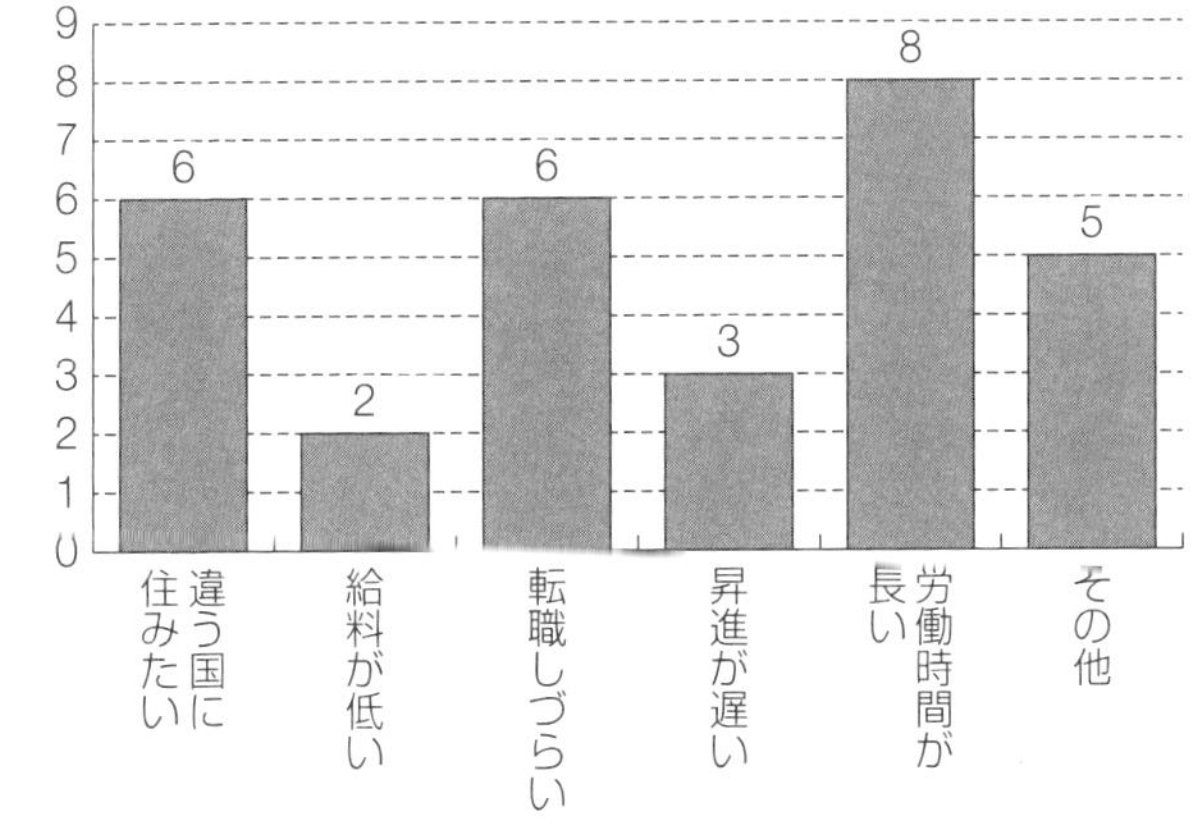

出所：筆者作成

日本企業の留学生受け入れ体制

日本で働く多国籍人材を増やすには、これまで述べてきたような日本と海外での働き方の違いを見つめ直した上で、日本で働く魅力、ひいては、日本という国自体の魅力を上げ、発信していかなくてはならない。そのためには、日本企業が海外人材をこれからより多く受け入れていこうとする姿勢が必要である。

それでは、現在の日本企業に新卒の留学生を受け入れる体制は十分にあるのだろうか。筆者が行ったアンケート調査で、日本企業で働きたいと回答した留学生に日本企業に対する不満を尋ねると、「日本人と同じ条件で試験を受けさせられるため、日本語の学力テストや外国人には不利なグループディスカッションなどがあり、志望しても落とされてしまう」という意見が決まって聞かれた。実際、株式会社ディスコキャリアリサーチが2013年に全国の主要企業539社を対象に行ったインターネット調査の結果では、留学生の採用方法を会社規模（従業員数）別に聞いた質問で、9割を超える企業が採用に留学生用の枠（採用試験）を設けていないという結果が出た（株式会社ディスコ キャリアリサーチ 2013）（**図表4－7**）。

その理由は、日本企業の多くが、日本人、外国人の区別なく単に〝優秀な人材〟を求めて新卒採用を行っているからある。上記のインターネット調査での「外国人留学生を採用する目的」という項目の質問でも、海外関連事業での活躍に期待する声よりも「優秀な人材を確保するため」という回答が飛び抜けて多く、採用した留学生も日本での勤務が95%以上、留学生に求める資質は「日本語」が1位となっている（株式会社ディスコ キャリアリサーチ 2013）。

これは、日本企業が、海外企業と異なり新卒で採用する人材に明確なキャリアビジョンや役割を期待しないという習慣をもつこととと関係していると考えられる。多くの日本企業は、特定の能力や技術ではなく、「人間としてどうか」「企業の風土に合う人材か」といったことを基準に、まずはジェネラリストを育てるイメージで採用する人材を決定する傾向にある。せっかく日本人とは異なるバックグラウンドをもつ貴重で有能な留学生が日本企業を志望したとしても、日本の企業文化にまだ上手く馴染めていなかったり、日本語での自己表現や意見表明がまだ不自由であったりすると、それが理由で選考に通ることができないのである。

将来グローバル化を目指す日本企業には、間違いなくグローバルな人材に対応する採用や人事の制度が必要となってくる。楽天やファーストリテイリングがその先駆けとなっている企業の例で

図表4-7　2014年度の留学生の募集・採用方法

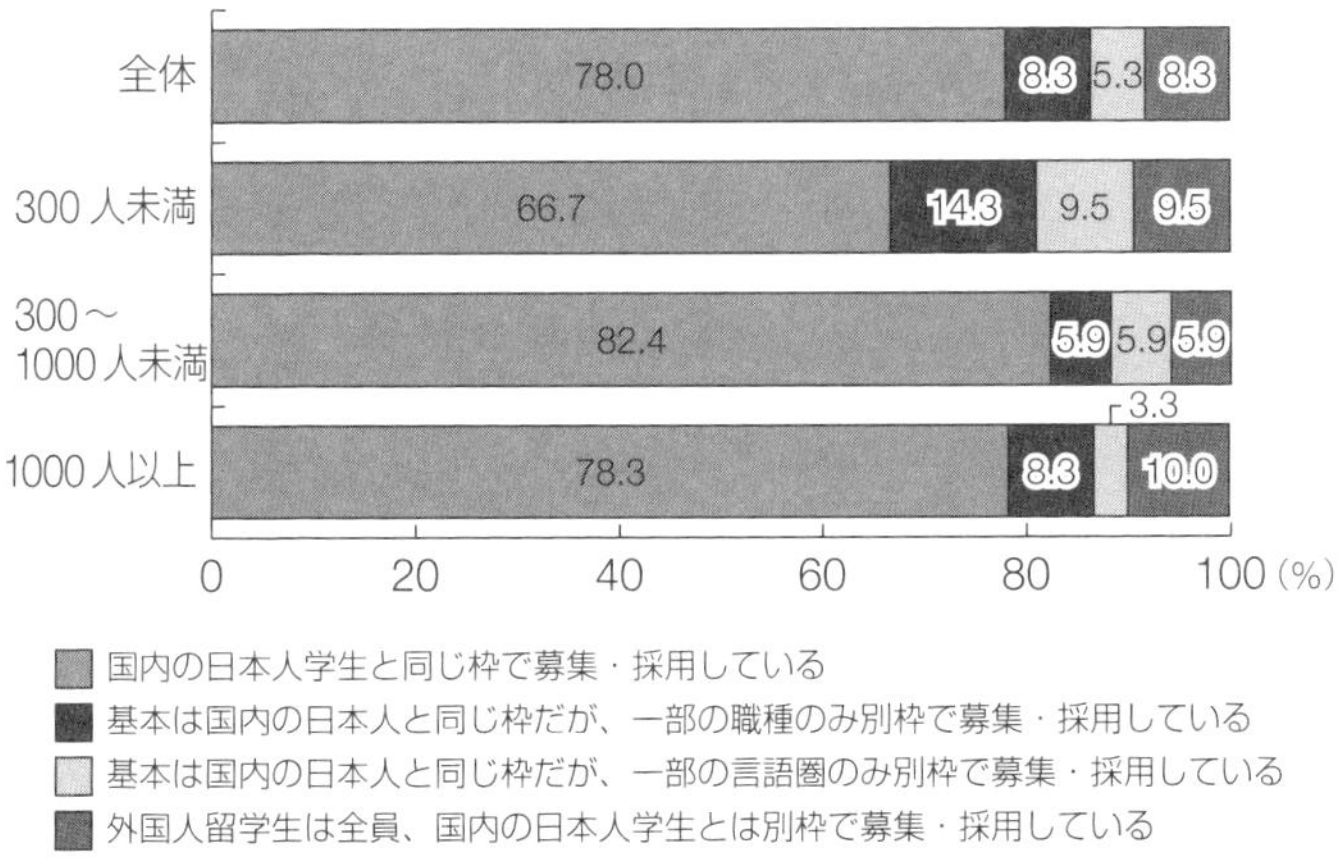

出所：株式会社ディスコキャリアリサーチ「外国人社員の採用に関する企業調査」アンケート結果＜2013年9月調査＞

あり、英語面接や、実力ある社員を評価するグレード制度、キャリアパス制度などが充実している（楽天 2014、ファーストリテイリング 2014）。留学生へのアンケートの中で気になる企業名を聞いた質問にも、これらの企業を挙げる人は多かった。

4 日本で働く外国籍人材を増やすには

組織内部の文化、さらには採用体制の問題からなかなか外国籍人材の活用を進めることができない日本企業が、今後外国籍人材の活用を進めていくにはどうしたら良いのだろうか。そのためには、日本企業は外国籍人材に対して、「日本で働くことの魅力」を訴えていく必要があると考えられる。それでは、日本で働くことの魅力とは一体何なのだろうか。アンケートを行った留学生50人中、日本企業への就職を希望している26人にその理由を複数回答可で尋ねたところ、結果は**図表4-8**のようになった。

最も票を集めたのが、「日本に住みたい」という回答だ。同アンケート内の「留学先に日本を選んだ理由は何か」という質問にも、「日本の文化に興味があったから」「日本の都市と自然を見てみたかったから」

という回答が目立ち、日本という国自体への興味・関心から日本に住みたい、日本で働きたい、と考える人が多くを占めるようだ。

次に多いのが、「成長できる」という回答だった。話を聞いてみると、日本企業に「面倒見が良く、教育研修制度なども良く整っている」というイメージをもっている留学生がとても多かった。終身雇用の習慣があった分、社員1人ひとりを大切にし、育てていこうとする点においては、日本企業は他国企業よりも長けているといえるかもしれない。

以上からも分かるように、日本企業で働く最大の魅力は、「日本に住める」ということである。日本企業で働く多国籍人材を増やすには、日本という国自体の魅力を上げていくのが1番である。そのためには、多くの外国人にとってネックともなっている、日本の労働条件を改善していかなくてはならない。

まずは、圧倒的にマイナスイメージの強い、長時間労働である。政府からの働きかけによって日本人の平均労働時間が短縮化されれば、過労死や鬱の問題も減り、また、女性のさらなる社会進出や管

図表4-8　日系企業への就職を希望する理由（n=26、複数回答可）

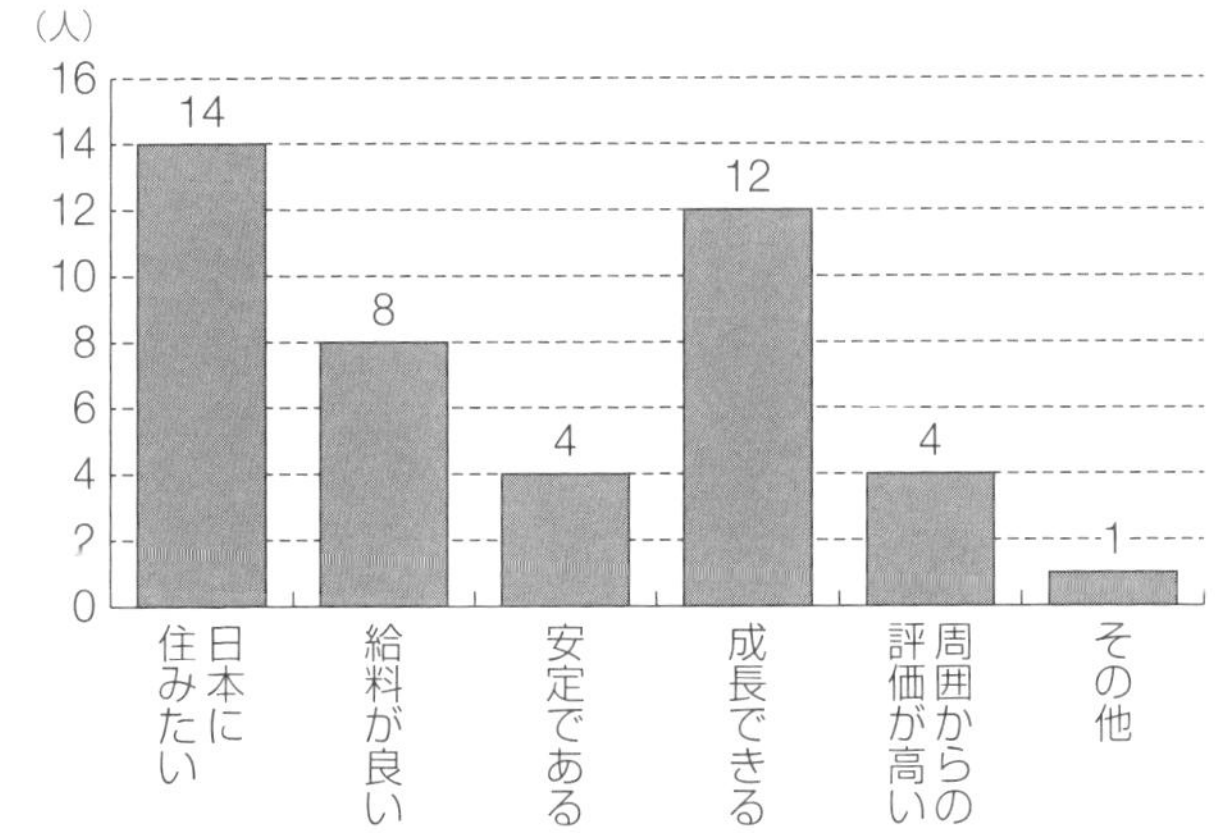

出所：筆者作成

理職率改善にも繋がるだろう。多忙な社会が、少しでも心にゆとりがある社会に変われば、外国人が抱く日本の印象も変わってくるかもしれない。今は留学生の新卒採用にそこまで積極的になれていない企業も、日本のさらなる魅力をアピールした国の呼び込みにより留学生の総数が増えていけば、いわゆる〝優秀な人材〟の絶対数も増え、企業のグローバル化にも伴って留学生の受け入れ数は増加していく。採用試験や、人事の制度も変化を迫られることになるだろう。

新卒人材には、個々にとってのキャリアビジョンをより明確に示すことが重要となり、給与制度は、従来よりも幅を持たせた、優秀な人材をしっかりと区別的に優遇するものへと変化される必要がある。そうすることで、優秀な人材の流出を抑え、これまでの日本型の社員教育制度を維持していくことができるはずである。いずれにせよ、労働時間の短縮化が、外国籍人材の活発な活用の鍵を握っていると考えられる。

5 大胆な改革の必要性

ところで、日本に外国籍人材を呼び込むもう1つの方法がある。それは「優秀な人材」にこだわらずに、幅広い人材を受け入れるということである。これはいわば単純労働などの領域でも外国人を大量に受け入れるということになるので、事実上、移民受け入れの大幅緩和へ繋がる。日本政府は現状では様々な理由からこのような移民の大量受け入れを認めていない。しかしそのような日本政府の姿勢には国際社会から批判が出ている。一方で、２０１４年頃から日本政府は訪日観光客への入国ビザの規制を大幅緩和した。その結果、２０１５年には訪日外国人が大幅に増加して約２０００万人に達したという事実もある。つまり、日本政府は徐々にではあるが、外国籍の人に対して「国境」を緩め始めているともいえるであろう。

前出の、リクルートワークス研究所が２０１５年に発表した研究レポート「２０２５年 働くを再発明する時代がやってくる」では、２０２５年段階における、悲観シナリオと楽観シナリオという２つのシナリオを提示して、今後の日本社会がどのように労働環境を改革すべきかを論じている。

同レポートが示唆する最悪のケース（悲観シナリオ）では、現状の「若者引きこもり問題」や「女性の出産育児による退職問題」、「高齢者の大量定年退職問題」などがさらに悪化することで、離職率が2倍に高まり、同時に新規に労働市場に参入してくる人材が半分になってしまうという前提を立てている。その場合、日本の総就労者数は２０１５年から５５７万人も減少（約1割減）し、かつ労働者の平均所得（年収）もついに３００万円を割り込んでしまう（２９９万円）という予測が提示されている。このようになると、もはや日本は先進国とはいえない状況に突入してしまうであろう。注目すべきは、そのような状況でもなお、大企業内で十分に活用されないままに単に継続雇用されている遊休人材（これを雇用保蔵者と呼ぶ）が、2015年より96万人も増加すると予測されている点だ。つまり、日本社会を縮小させてしまう根本原因は、大企業が現在雇用している日本人中高年男性層の正規雇用を必死で守ろうとするあまり、新しい人材活用の可能性に目を背け、しかも世界の中での日本の位置付けの変化にも全く対応しようとしない姿勢である、ということだ。

一方、同レポートが示唆する最良のケース（楽観シナリオ）では、前述の離職率が2015年の半分になり、新規に労働市場に参入してくる人材が現在の2倍になるという前提を立てており、その場合でようやく日本の総労働者数が2015年比で115万人増、平均年収がほぼ横ばい（362万円で7万円増）になると予測している。つまり、ここまで大胆な前提を置いてようやく2015年比でだいたい横ばいという分析なのである。これは実は驚くべき示唆ともいえる。離職者を半減させる施策はすでに日本政府も様々に取り組んでいるが、新規労働市場参入者を2倍にするという施策は、ほとんど手つかずという状況だからだ。少子化対策が功を奏して、日本政府が掲げる合計特殊出生率が1・8に回復したとしても、それが労働市場に効果を発揮するのは早くても2035年頃以降である。またその効果も、この楽観シナリオを満たすレベルとは到底思えない。つまり、日本の労働環境が2025年段階で「現状維持」を達成するためには、100万人から200万人という規模での外国人就労者の受け入れを実施する以外には、ほとんど手がないということが分かるだろう。そして、この大規模な外国人就労者の受け入れを想定する場合に、その全てが「優秀な人材」で満たされているとは考えられない。

100万人といえば、政令指定都市まるごと1個分の規模に匹敵する。ちなみに現在日本に在住の外国人労働者数はおよそ80万人程度なので、その増加率は現在の数倍ということになる。しかしそれでもなお、世界の視点で見れば、大規模とはいえない。例えば、ドイツの外国人労働者数は1570万人にも達している。

いずれにしても、日本にも、このような規模での外国人就労者の受け入れを実施すべき未来がすぐそこまで来ているという事実を、我々日本人自身が、しっかりと受け止めることが必要である。そしてそのためには、諸外国の事例をしっかり学びながら、かなり大胆な社会改革が必須であることも自明であろう。リクルートワークス研究所の提言によれば、このような大胆な改革のためには、就労者1人ひとりの能力や属性をもっと詳細に把握、分類し、それら能力や属性を今よりも柔軟かつ「モザイク型」に組み合わせるマネジメントが必要になると分析されている。終身雇用、年功序列という言葉に表されているように、就労者の人生をまるごと雇用するような考え方ではなく、1人ひとりの優れた部分、ニーズに合致する部分だけを機動的に雇用し、状況に応じて相互補完的に組織機能を発揮させるような考え方である。またそれを前提にして被雇用者の方にも、複数の企業との間で雇用関係を維持し、必要に応じて必要な職能を提供するような社会に変革していくことが求められる。そして、このような形での雇用であれば、国籍が日本かどうかはもはや重要ではなくなることが予測される。

このような考え方は、現在ではいわゆる「非正規雇用」という呼び方をされ、日本の国際的な競争力が弱まった一因と捉えられているが、今後の想定を超える少子化の環境下では、むしろそのような方向性への大胆な改革こそが、競争力維持のための必須条件になるということだ。無論、このような改革には大きな勇気が必要である。島国である日本にとっては、国籍の問題は他国よりもいっそう不慣れな部分がある。しかし「必要は発明の母」という言葉もある。グローバル人材活用のための先駆的な国々の知恵を真摯に学び、今まで以上に、外国の人たちにとって「日本に住みたい」という魅力を高めていくことが重要であろう。

参考文献

株式会社ディスコキャリアリサーチ（２０１３）「「外国人社員の採用に関する企業調査」アンケート結果〈２０１３年９月調査〉」株式会社ディスコホームページ（http://www.disc.co.jp/uploads/2013/10/201310_gaikokujin_kigyou_full.pdf）（２０１６年８月25日閲覧）。

株式会社ファーストリテイリングホームページ「ユニクロ新卒採用 グローバルリーダー社員 キャリア・教育・評価制度」２０１４年（http://www.fastretailing.com/employment/graduate/jp/uniqlo/career_path.html）（２０１６年８月25日閲覧）。

楽天株式会社ホームページ「人事制度」２０１４年（http://corp.rakuten.co.jp/careers/life/training/）（２０１６年８月25日閲覧）。

グローバルノート株式会社（２０１４）「世界の平均年収 国別ランキング統計・推移」グローバルノート株式会社ホームページ（http://www.globalnote.jp/post-10401.html）（２０１６年８月25日閲覧）。

厚生労働省（２００８）「企業本社における外国人社員の活用実態に関するアンケート調査」厚生労働省ホームページ（http://www.mhlw.go.jp/houdou/2008/12/dl/h1208-1a.pdf）（２０１６年８月25日閲覧）。

厚生労働省（２０１２）「平成23年度雇用均等基本調査」厚生労働省ホームページ（http://www.mhlw.go.jp/toukei/list/71-23r.html）（２０１６年８月25日閲覧）。

社会実情データ図録（２０１４）「年間実労働時間の国際比較（１９６０～２０１３年）」（http://www2.ttcn.ne.jp/honkawa/3100.html）（２０１６年８月25日閲覧）。

独立行政法人労働政策研究・研修機構（２０１３）「データブック 国際労働比較２０１３」独立行政法人労働政策研究・研修機構ホームページ（http://www.jil.go.jp/kokunai/statistics/databook/2013/documents/Databook2013.pdf）（２０１６年８月25日閲覧）。

日本経済新聞電子版（２０１４）「女性の就業率、日本は23位 ＯＥＣＤ34カ国中」９月３日号（http://www.nikkei.com/article/DGXLASDF03002_T00C14A9EE8000/）（２０１６年８月25日閲覧）。

山西均（２０１２）『日本企業のグローバル人事戦略』日本経済新聞出版社。

リクルートワークス研究所（２０１３）「アジアの「働く」を解析する」リクルートワークス研究所ホームページ（https://www.works-i.com/pdf/s_000242.pdf）（２０１６年８月25日閲覧）。

リクルートワークス研究所（２０１５）「２０２５年働くを再発明する時代がやってくる」リクルートワークス研究所ホームページ（https://www.works-i.com/pdf/150528_2025yosoku.pdf）（２０１６年８月25日閲覧）。

OECD（２０１４）「Employment Outlook 2014」keepeekホームページ（http://www.keepeek.com/Digital-Asset-Management/oecd/employment/oecd-employment-outlook-2014_empl_outlook-2014-en#page1）（２０１６年８月25日閲覧）。

PRESIDENT Online（２０１４）「日本の部長の給料はなぜ、世界最低レベルなのか～大前研一の日本のカラクリ～」５月19日号（http://president.jp/articles/-/12490）（２０１６年８月25日閲覧）。

第5章

学び5：新興国イノベーションの3段階モデル

1 新興国発のイノベーションの魅力

これまでの章では、日本企業が次に学ぶべきことを主に戦略や組織の観点から考察を行ってきた。ここからの主題となる新興国イノベーションは、新興国市場での事業をヒントにして産業全体に新しい潮流を創り出すものであり、これまでの話よりも少しスケールの大きな話となる。成熟・規制産業が多いといわれる日本で、次なる成長を引き起こすために必要なことは一体なのだろうか。ここではこの問いに対して、新興国イノベーションという手法を提示し、今後日本の成熟・規制産業に再び息を吹き込むために学ぶべき事項を提示していく。

通常、イノベーションは先進国で生まれた技術・ノウハウ・アイデアが新興国へ波及する現象のことをいう。それに対して、新興国イノベーションは新興国で生まれたイノベーションを先進国で利用することを意味する。こうした新興国イノベーションを代表するものとして、「リバースイノベーション」が挙げられる。リバースイノベーションは新興国で生まれた技術・ノウハウ・アイデアが先進国へと逆波及する現象である。これは、ダートマス大学のゴビンダラジャンが提唱したイノベーションに関する新概念である。

ただし、リバースイノベーションが世界各地で頻繁に生じているとは言い難く、先行研究の蓄積はまだ不十分であるというのが現状である。しかしながら、これらの限られた先行研究から、日本企業は、新興国で実施されている新しいビジネスモデルや、現地で古くから親しまれている商品に着目し、自社の経営や日本市場向けの商品開発に活かせないか常にアンテナをはり、上手く利用することが重要であると考えられる。

我々は、特に規制・成熟市場において、こうした新興国発のイノベーションが有効な打開策になると考える。一般的に、いずれの市場に属する企業も、国内市場のみで打開策を模索するのは得策ではない。むしろ、彼らは積極的に新興国市場に進出し、新たなノウハウ・製品のヒントを自国に持ち帰ることで、先進国へと逆波及するイノベーションを実現し、産業の裾野を広げることができるだろう。より具体的には、以下のような効果の実現が期待される。

①海外市場で経験を蓄積することで、自国の規制が緩和された際、その経験を基にして円滑に自国市場で事業展開できる。
②自国の現状の規制下でも、事業展開できるアイデアを得られる可能性がある。
③国内には存在しなかったアイデアを海外から獲得し、国内で新市場を創ることができる。

本章では、規制・成熟産業の代表例として、医療、農業、加工食品、空港ビジネスの4つの産業を選択し、それぞれの産業での新興国発のイノベーションの活用可能性を探求した。

新興国イノベーション活用における3段階モデル

それでは、これらの産業において、「アンテナをはり、上手く利用する」とは具体的に何を指すのだろうか。我々が新興国発のイノベーションに関連する複数の事例を分析した結果、「発見」「実行」「学習」の3つの段階に集約できることが明らかとなった。

「発見」には、次の2つの種類がある。第1に、新興国と自国の制度・国民性・習慣・気候などの環境要因を比較することによる発見である。第2に、新興国市場における企業間の戦略を比較することによる発見である。これらの比較を通じて、企業は最初に「新興国市場と自国市場」および「他社の戦略と自社の戦略」の間に存在するギャップを認識する。

続く「実行」とは、発見したことを採用・独自化した上で、企業が国内・海外市場に進出することである。この実行に関しては、次のA・B・Cの3つのパターンが存在している（**図表5-1**）。Aは、自社がもつ技術、ノウハウ、アイデアをそのまま新興国市場で応用するパターンである。Bは、新興国市場における他社の技術、ノウハウ、アイデアを吸収し、それを同一もしくは別の新興国市場で応用するパターンである。Cは、新興国市場における他社の技術、ノウハウ、アイデアを吸収し、自国市場に持ち帰って応用するパターンである。要するに、実行のパターンは、「応用するもの」と「応用する場所」によって大別することが可能である。

「学習」は、実行を通じて経験（技術・ノウハウ・アイデア）を蓄積することである。企業は「学習」を活かし、自国市場あるいは他の新興国市場へ事業展開することで、二度目の「実行」へ移行し、これが新たな「学習」へと繋がるのだ。このように「発見」の後、「実行」と「学習」の循環が繰り返されることが多い。

我々は、こうした循環型のフレームワークを、実際のケース事例の分析を通じて構築することができた。このフレームワークを使い、先に述べたように、医療・農業・加工食品・空港ビジネスの４つの産業について紹介していく。

図表 5-1　新興国発のイノベーション活用における 3 段階モデル

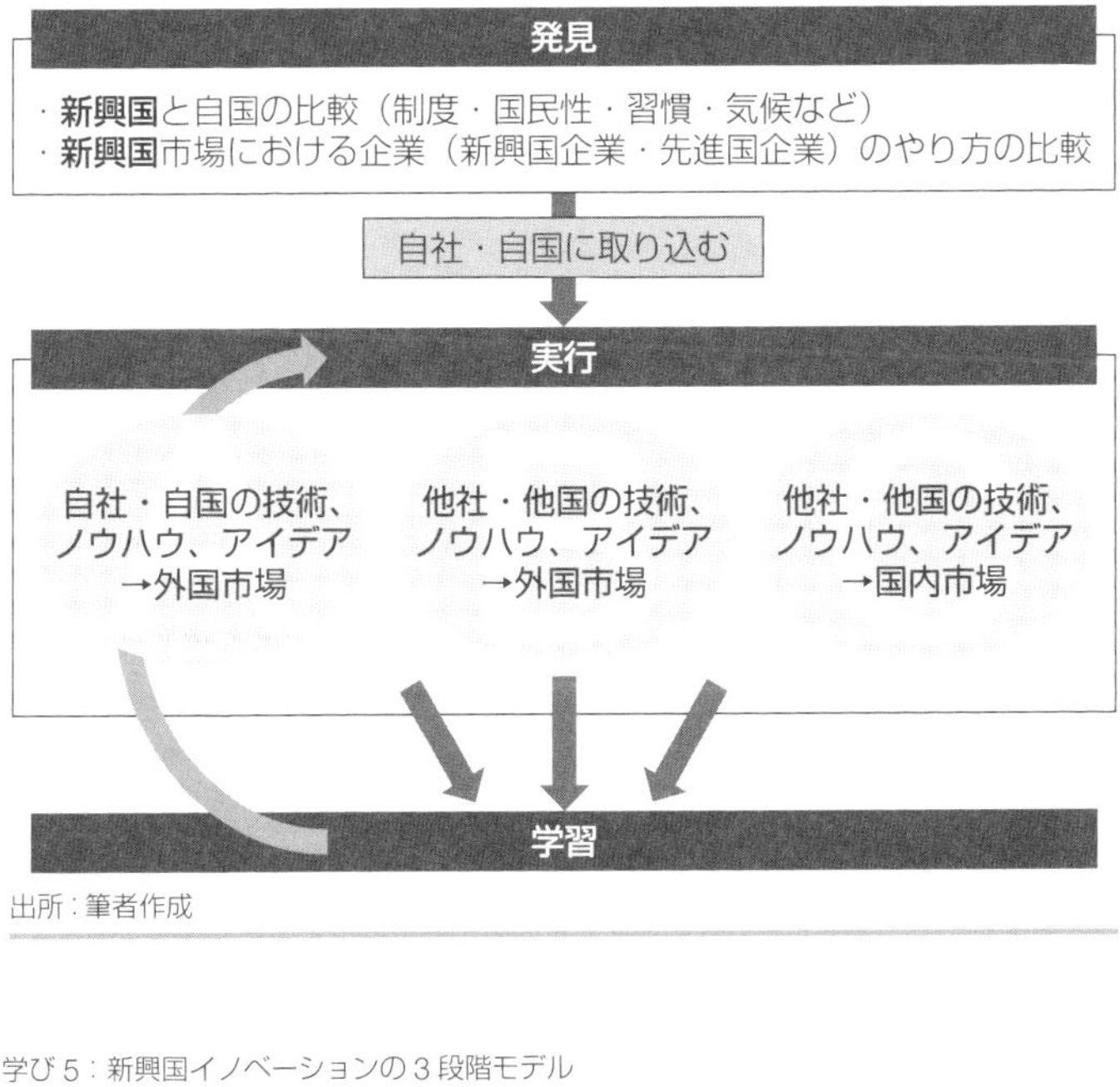

出所：筆者作成

2 メディカルツーリズムによる日本の医療産業の活性化

まず、医療分野のリバースイノベーションを取り上げる。日本では、医療産業に対して数々の規制がかかっているものの、新興国ではそこまで厳しい規制が存在する国は少ない。規制が少ないことが奏功して、新興国では医療が急速に発達しており、日本より優れた医療技術も生まれてきている。

メディカルツーリズムの現状

現在、新興国の医療産業が力を入れている分野がメディカルツーリズム（医療ツーリズム・医療観光）である。訪問先の医療機関で人間ドックやＰＥＴ検診などを受けることを主な目的とするもので、近年では美容整形手術や視力矯正、臓器移植などを医療費の安いアジア新興国で受けるために利用する人も増えている。近年、このメディカルツーリズムの市場は拡大の一途を辿っており、今後も拡大を続けることが予想されている（**図表5－2**）。そして、この市場の大きな部分を、マレーシア・シンガポール・インド・タイ・韓国などのアジア新興国が占めている状態である。

そもそも、なぜ多くの人々がアジア新興国へ医療を受けに行くのだろうか。その理由は、①安価な治療費、②待機時間の短縮、③質の高い医療、の3つに大別できると考えられる。

①に関しては、アジア新興国での治療コストは先進国の20%〜50%であり、時には20%以下で済む場合もある。例えば、アメリカで心臓バイパス手術を受けたときの費用が13万USドルであるのに対して、アジア諸国では1万USドルで済む。仮に、旅行費用を含めてもアジアで手術を受けた方が安いのである。

②に関しては、アジア新興国では手術を受けるまでの待機時間がほとんどない。例えば、イギリスやカナダでは、国家の医療システムにより治療を無料で提供しているものの、人々は治療を受けるために長い時間（数週間から数ヵ月）待機しなければならない。それに対して、インド・シンガポール・タイをはじめとした国々では待機時間がなく、人々はすぐに施術を受けることができるのだ。

③に関しては、アジア新興国にはＪＣＩ認証を得た病院が豊富に存在している。ＪＣＩ認証とは、アメリカの国際的医療評価機構で

図表5-2　Medical Tourism: Global Competition in Health Care

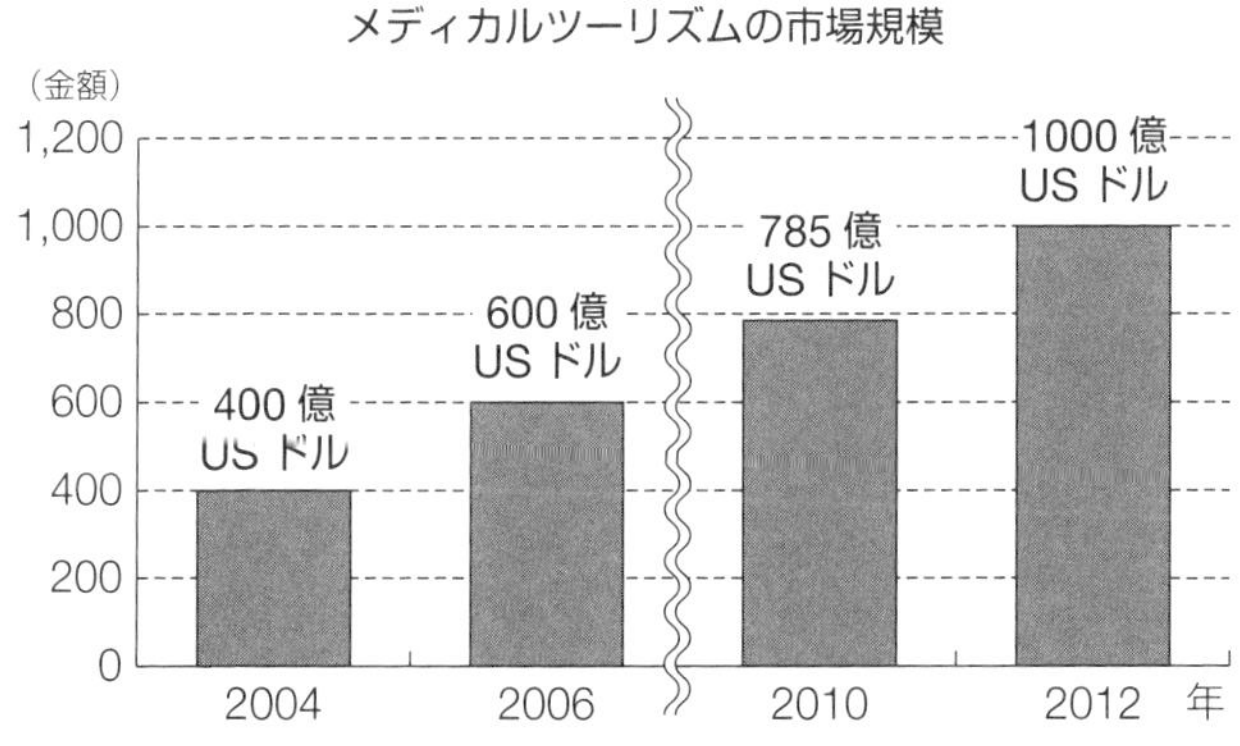

出所：フロスト＆サリバン社ホームページをもとに筆者作成

あるJoint Commission Internationalの認証のことであり、世界でも一定の安全基準を満たした病院であることを示すものだ。すなわち、JCI認証を受けた病院は、「安心して手術を受けられる病院である」というお墨付きを得たことになる。そのため、新興国であるとはいっても、これらの病院では比較的高い水準の医療を受けることが可能なのである。

以上の3つの理由から、多くの人々がわざわざアジア新興国まで出向いて医療を受けに行く現状をうかがい知ることができる。

日本におけるメディカルツーリズム―亀田総合病院を例に―

日本の病院の多くはメディカルツーリズムを事業として行っていない。そうした中で、千葉県にある亀田総合病院はメディカルツーリズムを運営している数少ない病院の1つである。亀田総合病院は日本トップレベルの病床数925床をもつ、亀田メディカルセンターの中核施設であり、2009年に日本の病院で初めてJCI認証を取得した。亀田総合病院の特徴として、外国人看護師の受け入れに積極的な点が挙げられる。例えば、中国人やフィリピン人などを対象として、日本の看護師国家資格を取得するための看護教育や経営支援を行い、彼らが資格を取得した後に、日本国内の医療機関への就職を保証している。そのため、一定数の外国人看護師が毎年亀田総合病院に就職するようになっているのだ。さらに、亀田総合病院は亀田医療技術専門学校と亀田医療大学を有しており、そこで英語・中国語のカリキュラムを提供することによって、さらなる人材の育成に力を入れている。このように、亀田総合病院は、メディカルツーリズムを目的とした患者たちを受け入れる体制を整えつつある。

図表5-3を見ても分かるように、2010年1月から2013年12月までの4年間の外来・入院・人間ドックを多くの外国人がメディカルツーリズムとして利用している。

メディカルツーリズムの最先端モデル
―タイのバムルンラード病院を例に―

亀田総合病院の外来患者数は年間110万人で、その中に占める外国人患者の人数は1128人である。一方で、本項で紹介するタイのバムルンラード病院は年間外来患者数が100万人、その内外国人患者数は40万人を占めている。バムルンラード病院を訪れる外国人患者の大半がメディカルツーリズムの利用を目的としており、亀田総合病院との差は歴然である。ここでは、バムルンラード病院がここまで多くの外国人患者の受け入れに成功している背景を探る。

図表5-3　各国のメディカルツーリズム

	外来	入院	人間ドック	合計	月平均	比率
カナダ	74	1	0	75	1.5625	1.532%
中国	1,124	71	203	1,398	29.125	28.548%
韓国	648	34	0	682	14.20833	13.927%
フィリピン	1,231	70	0	1,301	27.10417	26.567%
タイ	162	8	0	170	3.541667	3.472%
アメリカ	390	30	3	423	8.8125	8.638%
その他	810	38	0	848	17.66667	17.317%
合計	4,439	252	206	4,897	102.0208	100.000%

出所：日本メディカルサービス株式会社ホームページを基に筆者作成

バムルンラード病院は1980年に設立され、2002年にJCI認証を取得した。この病院では、30の専門センターに1200人以上の医師と歯科医師が働いており、大半が国際資格や国際経験をもっている。さらに、900人以上の看護師と100人以上の通訳者が勤務し、英語・タイ語・アラブ語・ベンガル語・カンボジア語・中国語・フランス語・ドイツ語・日本語・韓国語・ベトナム語に対応しており、その他の言語に関しても特別手配が可能となっている（**図表5－4**）。こうした通訳スタッフを手配するのに特別な料金はかからず、日本語対応スタッフも15人存在する。このように、バムルンラード病院は、世界各地の患者を受け入れる体制を完備しているのだ。

また、バムルンラード病院はインターナショナルマーケティング部を設置し、そこがグローバルマーケティングを担うことによって、多数の国外拠点を整備している。そのため、バムルンラード病院は東アジア・東南アジア地域だけでも、モンゴル・ネパール・パキスタン・バングラディシュ・ミャンマー・インドネシア・シンガポール・カンボジア・ベトナム・香港に拠点をもっており、各地で積極的な営業活動を展開している。さらに、バムルンラード病院は、外国人患者の受け入れに対応するためだけの部署も設置して

図表5-4　日本とタイの2つの病院の比較

	亀田総合病院	バムルンラード病院
外来患者数（人）	1,100,000	1,000,000
外国人外来患者数（人）	1,128	400,000
病床数（床）	925	554
看護師数（人）	862（常勤 640.8）	900 以上
従業員数（人）	3,000	3,400
医師・歯科医師数（人）	約 400（常勤 362）	1,200
通訳数（人）		100 以上

出所：病院情報局、マイナビ看護学生、Bumrungrad International Hospital の各ホームページをもとに筆者作成

おり、患者の問い合わせから受け入れの段階まで手厚いサポートを提供している。このように、バムルンラード病院は世界各地に拠点を整備し、その上で手厚いサポートを提供することによって、世界各地から患者を呼び込むことに成功しているのだ。

日本の病院がやるべきこととは？

ここまでの話を総合すると、日本の病院がバムルンラード病院のように多くの外国人患者を受け入れるためには、言語面での対応やマーケティングの実践など、様々な課題が存在していることが分かる。

それに加えて、日本にはさらに厳しい課題が残っている。それは、「営利目的での病院の開設を認めない」という医療法の条項の存在である。そのため、日本はこの課題を「非営利」の組織という縛りの中でクリアしなければならない。一般的に、多くのメディカルツーリストを受け入れている病院は、株式会社の形態をとっていることがほとんどであり、営利企業であるがゆえに治療費などの価格設定も自由に行うことが可能である。それに対して、日本の医療機関は診療報酬制度に基づいて料金が決まる仕組みになっており、料金設定の自由が存在しない。そのため、仮にマーケティング活動を実行しようにも、そのコストを治療費に上乗せすることができないという難点が存在している。

そうした中で、日本と同じように医療機関の形態が非営利法人でありながらも、メディカルツーリズムを推進している国がある。それは韓国である。韓国ではＫＨＩＤＩ（韓国保険産業振興院）という政府機関や、34の医療機関が所属するKIMA（韓国国際医療協会）という官民共同組織が、共同コールセンターの設置や相手国政府との交渉などのマーケティング活動を実施している。そのため、個々の医療機関がマーケティング活動を行う必要がない状況が作り出されているのだ。日本がメディカルツーリズムのマーケティング活動を行う際は、韓国のように政府と医療機関で構成される官民共同組織が中心となって取り組むことが1つの手であるといえる。

民間企業による病院経営におけるメディカルツーリズムの可能性—三井物産の病院経営を例に—

このような状況の中で、一部の日本企業や医療法人が海外での病院経営に乗り出している。その1つが三井物産の病院経営参入である。三井物産は、アジア新興国でメディカルツーリズムが活発に行われていることに目を付け、アジア新興国での病院経営に乗り出した。そこで、ここからは三井物産の病院経営

図表5-5　メディカルツーリズムに関する3段階モデル

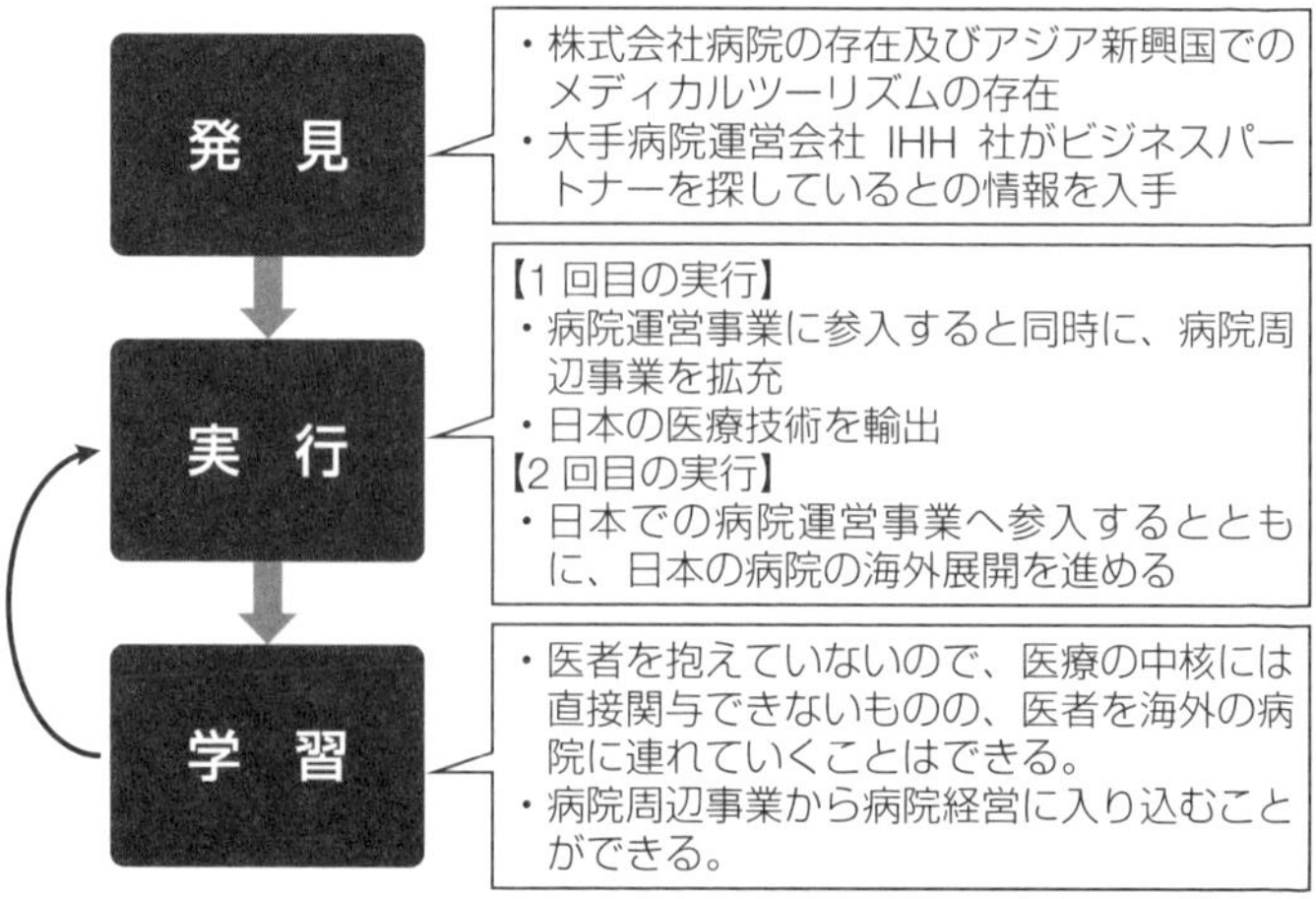

出所：筆者作成

の事例を、新興国イノベーション活用における3段階モデル（**図表5－5**）を用いて分析することで、メディカルツーリズムの日本への逆波及の可能性を探る。

①「発見」から「実行」へ

三井物産は、2011年5月にマレーシアの国策投資会社である「カザナ・ナショナル社（カザナ社）」が保有するアジア最大の持ち株会社「インテグレイテッド・ヘルスケア・ホールディングス社（IHH社）」へ900億円の出資をし、同社の株式の30％を取得した（2013年1月末時点で20・5％）。IHH社は、2010年に設立された世界第3位の病院運営会社であり、2013年10月時点で9ヵ国32病院を運営している。今後も、アジア地域を中心に病院の運営を計画しており、5年以内に17病院の新規開設を実施し、合計病床数を9000まで増やすことを予定している。三井物産は、こうした世界的な病院運営会社の存在に目を付け、この企業の株式を取得することによって、病院経営への参入を果たしたのだ。

三井物産は病院経営においてどのような役割を担っているのだろうか。一言で言うと「病院周辺事業の運営」を担っている。例えば、病院給食に関しては、日本ではエームサービス株式会社という三井物産の関係会社が患者に食事を届ける仕事を行っている。その他にも、病院内の掃除、看護師のユニフォーム・シーツの洗濯やレンタルを行うファシリティーマネジメントなど幅広いサービスを提供している。このように、医療従事者が質の高い医療の提供に特化できるように、三井物産は病院を取り巻くサービスを提供する役割を担っているのだ。

また、三井物産は「日本の医療技術の輸出」にも力を入れている。これは、高い技術をもつ日本の医師に外国の病院で手術をしてもらおうというものだ。実のところ、日本の医師免許では医療を提供できないという国もあるが、シンガポールは優秀な技術をもつ海外の医師に対して、特別に試験を免除して医師免許を発行している。そこで、シンガポールのマウントエリザベスノビーナ病院に、生体肝移植の権威である田中紘一氏をパートナーとした「シング・コウベ・レバー・トランスプラントセンター社（ＳＫＬＴＣ）」を開設し、日本人医師が肝移植手術を行うスペースを確保した。さらに、若手の医師を欧米の有名大学に留学させるトレーニングを行ったり、日本とシンガポールの研修医交流制度を企画したりと技術輸出に積極的である。三井物産は、こうした活動を通じて医師に国際市場でも通じる高いスキルを身に付けてもらい、そのスキルを三井物産関連の病院で発揮してもらおうと考えているのである。

②「学習」から「2回目の実行」へ

三井物産は上述の実行を通じて医療の中核には関わることはできないものの、病院周辺事業から病院運営に参入することが可能であることを学んだ。さらに、三井物産はそのようにして学んだことを起点とし、現在日本での病院運営事業への参入および日本の病院の海外展開を推進している。つまり、３段階モデルにおける「学習」から「2回目の実行」という循環が発生しているのである。

三井物産は、2014年8月18日に医療法人社団神戸国際フロンティアメディカルセンター（KIFMEC）の敷地に病院建物を賃貸するために設立された「KIFMEC特定目的会社」に出資を行い、KIFMECの経営および国際展開を側面支援する事業を開始した。これによって、病院の株式会社形態が認められなくても日本での病院経営が可能となったのだ。三井物産は、今後KIFMECの経営や国際展開を支援するとともに、IHH社とのネットワークを活かして、前述のSKLTCとKIFMECの連携を図ることにしている。この連携で日本の医療技術・サービスをアジア諸国に導入し、医療の高度化を図るなど日本の医療産業の国際化にも貢献していくことが予想される。

3 新興国の農業から学ぶ日本の農業の新しい姿

農業分野も、医療産業と同じように、数多くの岩盤規制が存在している。現在、TPPの交渉参加やJA全中（全国農業協同組合中央会）の権限の縮小などに伴って、日本の農業は徐々に改革が進んでいるものの、依然として規制が多く、競争力を有していない。そこで、本節では世界の農業と日本の農業の比較を通じて、日本農業の問題点を明らかにし、新興国発のビジネスモデルによって改善できる点と具体的な事例の提示を行う。

先を走り続ける世界の農業と、遅れをとる日本の農業

日本では農業が将来的に衰退していくことが問題視されている一方で、世界的に見ると農業分野市場の成長が予想されている。ドイツの化学会社であるバイエル社は、「世界的な食料安全保障の脅威などを背景に、世界の農業市場は今後も長期的に成長する」（一般社団法人農協協会　２０１４）という分析から、「２００８年には年間５００億ユーロだった農業市場への投資額（農薬、種子、形質など）は、20年には１０００億ユーロにまで増大するだろう」（同上）との見解を述べている。つまり、先進国・新興国問わず、世界的な食糧危機に備えて、農業分野への投資が活発になることが予想されているのだ。しかし、詳しくは後述するが、日本の農業はこうした国際的な流れに乗りきれずにいる。成長が予想される世界の農業市場への進出機会を逃すことは、日本農業にとって大きなマイナスであるといえるだろう。

日本の農業が国際的な潮流から取り残される中、オランダなどの先進国の農業分野では、効率的な農業を目指した取り組みが着々と行われている。具体的には、自動制御システムの開発や品種改良、効率的な灌漑設備の開発などである。さらに、ＩＴ分野を中心とした他分野との連携も進んでいる。このような特徴をもつ先進国農業から日本が学ぶべき点は、以下の２点である。

①経営的視点

効率的な農業を行うための前提として、経営的視点が挙げられる。なぜなら、「より少ない支出で多くの収入を得よう」という経営的視点から農業を捉えることによって、「効率性」が重視されるようになるからである。この視点は、農業だけではなく、製造業などあらゆる産業を効率化する上で重要となる。特に、農業先進国のオランダでは、国を挙げて農作物の輸出に力を入れており、経営的視点の下で価格競争力があり、なおかつ高品質な農作物を生産している。こうしたオランダの取り組みを少し見ていこう。

オランダの農業は約5％程度の大規模農家と残り約95％の中小規模農家から構成されており、それぞれの農家が独自の取り組みを行っている。まず、大規模農家はＩＴを駆使したハイテクハウスを用いて、植物の成長を管理しながら農作物を生産し、包装から販売までを一貫して自前で行う。彼らは、ハイテクハウスによって生産量管理が可能であるため、市場動向に合わせて農産物を生産・販売することができるようになっている。それに対して、中小規模農家は包装や流通段階に大規模農家のような自前の設備を有していないため、彼らと同じものを生産していては価格面で競争力に欠ける。そのため、中小規模農家は、自身の製品である農作物の差別化に重点をおいている。品物そのものを変えることで、競争力のある大規模農家と同じ土俵で戦うことを回避し、自身の農作物の競争力を保っているのである。

それに対して、日本では農協が農産物の買い取り・販売代行を行うため、農家は自身の作った農作物の市場評価が分かりにくく、結果として経営的視点をもつことが難しくなっている。

②他産業との連携

先進国では自国の農業の競争力の養成を目的として、他産業との連携が積極的に行われている。特に観察されるのが、農業とＩＴの連携である。農作物の生産にＩＴ関連技術を取り入れることによって、様々なデータの管理が容易になり、それが植物の発育条件の改善に繋がるのだ。こうしたＩＴ関連技術を農業に応用する試みは、日本の農業ではまだ進んでいない。日本の農業は、地域単位での技術共有などは行われてはいるものの、依然として各々の農家が己の経験に頼る部分が多い。それゆえ、農業に関する技術・経験・ノウハウが外部化されにくい構造となっており、それが新規就農者にとっての参入障壁になっている。

先進国にも負けない新興国の農業

他方、中国やアフリカなどの新興国では、自国の急速な人口増加に伴う食糧需要の増加に対応するため、自国農業の効率化に注力している国が多い。ただし、効率化といっても前項の先進国のように技術開発を行うのではなく、優れた技術・ノウハウをもつ先進国と分野別に協力することで、優れた技術を導入している。そのため、新興国でも積極的な農業への投資や規制緩和が行われている。日本がこうした新興国の農業から学ぶべきことは多々存在しているものの、その中でも特に重要なのが「企業による農業経営」である。

日本では企業による農業経営への参画が規制されているが、新興国ではその規制が緩い国が多い。日本と同様に農地に関する規制が存在している中国についても、企業による大規模な農業経営が行われている。中国ではより効率的な農業を実現するため、２００３年に「農民合作社」という形式での農業経営が正式に認められ、２００７年に農民合作社の設立を支援する法律が制定された。従来、中国の農業は零細農家が個々に農業を行っていたが、２００３年以降、複数の農家の集合体である農民合作社が多数設立され、農業の産業化が進展している。

規制ばかりの日本の農業―農地法がもたらす弊害―

世界各国が進んだ農業を実現させている一方で、日本の農業は規制に縛られ、競争力を失いつつある。平成26年10月1日時点で、日本で施行されている農業分野に関する法令は、全部で２９３件（アメリカの約3倍）に上り、日本の農業市場関連の規制の多さが分かる。この中でも、特に重要な法令が「農地法」である。

農地法は、耕作者による農地保有が耕作者の地位安定、耕作者の生産意欲向上に繋がるという考えの下に、日本の農業生産を保護する目的で制定された。施行当初は、生産量は増えていったものの、経済発展とともにその弊害も明らかになった。農地法の弊害としては次の2点が挙げられる。

①農業への参入障壁の形成

農地保有が農家に限定されるということは、農家以外が農地を保有して農業を営むことができないことを意味する。要するに、農地法は、農業を行いたいと考える非農家新規就農者や法人にとって参入障壁になっているのである。そのため、生産意欲の高い新規就農者や法人の農業市場への参入が困難になり、日本農業の生産性の向上を阻害してしまっている。しかし、農地保有が制限される一方で、農家による農地転用に関する規制は緩いため、農地の転用が進んでしまっている。その結果、虫食い状に農地が転用され、農地集積がより困難な状況を生み出している。

②農地の資産化による耕作放棄地・土地持ち非農家・兼業農家の増加

農地法によって農地の保有が許された農家の多くは、戦後の経済発展に伴う地価上昇の際に、農地を資産として捉えるようになった。また、戦後経済発展の中で、農家とそれ以外の産業に従事する者との間で所得格差が生じたこと、さらには農業の機械化が進展したことによって農家の兼業化が進行した。そのため、農家でありながら農業を行わない農家が急増し、それが耕作放棄地の増加に繋がってしまった。例えば、農業に従事していないにも関わらず資産として農地を保有している「土地持ち非農家」は、農家全体（2528千戸）の約54%に該当する1374千戸に上っている。

このように、「農地法」という規制が存在する結果、日本農業は「企業による農業経営参画が難しい」「農地集積が進みにくい」という2つの問題を抱えているのである。

新興国ならではのイノベーティブな試みが日本の農業にもたらすもの

ここまで見てくると、日本の農業にはもはや成長の芽が存在していないようにも見える。しかし、新興国ならではのイノベーティブな試みによって、日本の農業は活力を取り戻すことが可能になると我々は考える。規制の緩い新興国市場の農業経営にあえて進出し、そこで得られた経験・ノウハウを日本に逆波及させ、それを日本の農業に応用することが重要なのである。より具体的なメリット2点を、以下に提示する。

①法人による農業経営の経験やノウハウを蓄積できる

上記の通り、日本では企業による農業経営は事実上禁止されている。しかし、日本農業においても規制緩和が進んでおり、将来的にはこの規制も緩和される可能性が存在する。そのため、比較的規制の緩い新興国に進出し農業経営の経験を蓄積しておけば、将来日本国内で規制が緩和されたときに、そのときの経験を活かして円滑な農業経営を行うことができるようになる。

②現状の規制下でも、日本農業市場で企業が事業を展開できるアイデアを得られる

農業関連の技術やアイデアは、その国の農業を取り巻く環境に影響を受ける。水資源が豊富かつ温暖な気候で土地が肥沃であるという農業条件に恵まれた日本とは違い、新興国では乾燥、寒冷、やせた土地など厳しい農業条件が存在している。そのため、新興国市場に目を向けることによって、意外な分野の技術やアイデアを知ることができるだろう。

以上のように、日本の農業は新興国ならではのイノベーティブな試みを応用することによって、規制が今後緩和された際、および規制下の現状でも活用できるメリットを得られることになる。こうした形で得られるメリットは、日本の農業に成長のチャンスをもたらすものになると考えられる。そこで、次項からアサヒビールの中国での農業経営の事例を新興国イノベーション活用における3段階モデルで分析し、現状の規制下でも農業経営の経験やノウハウの蓄積が大いに可能であることを具体的に示す（図表5-6）。

日本企業による農業経営経験・ノウハウ蓄積―朝日緑源農業公司を事例として―

アサヒビールは、中国山東省で「朝日緑源農業広司」という合弁会社を設立し、中国での農業経営に乗り出した。一連の事業を通じて、アサヒビールは今後日本で規制が緩和されたときに、国内市場で活用できそうなノウハウを蓄積することが可能になった。この事例を、詳しく見ていこう。

①アサヒビールによる「発見」

アサヒビールの事例における発見は主に2つある。第1は、中国では企業による農業参画が広く認められている点、第2は中国市場において中国産食品の市場シェアが輸入製品に奪われつつある点である。第1の発見が意味することは、農業への企業参入に関して中国市場の規制が日本と比べ緩いということである。つまり、中国市場はリバースイノベーションを起こすのに適した市場であるといえる。第2の発見が意味することは、安全性に関して国際的に定評がある日本の農産物は、中国市場でのシェア拡大が見込めるということである。折しも、山東省の政府から「三農問題」（農業の低生産性、農村の荒廃、農民の貧困という農業が抱える3つの問題のこと）の解決を依頼されていたということもあり、アサヒビールはこれら2点の発見事項を基にして、中国山東省での農業経営に乗り出した。

図表5-6　アサヒビールの事例に関する3段階モデル

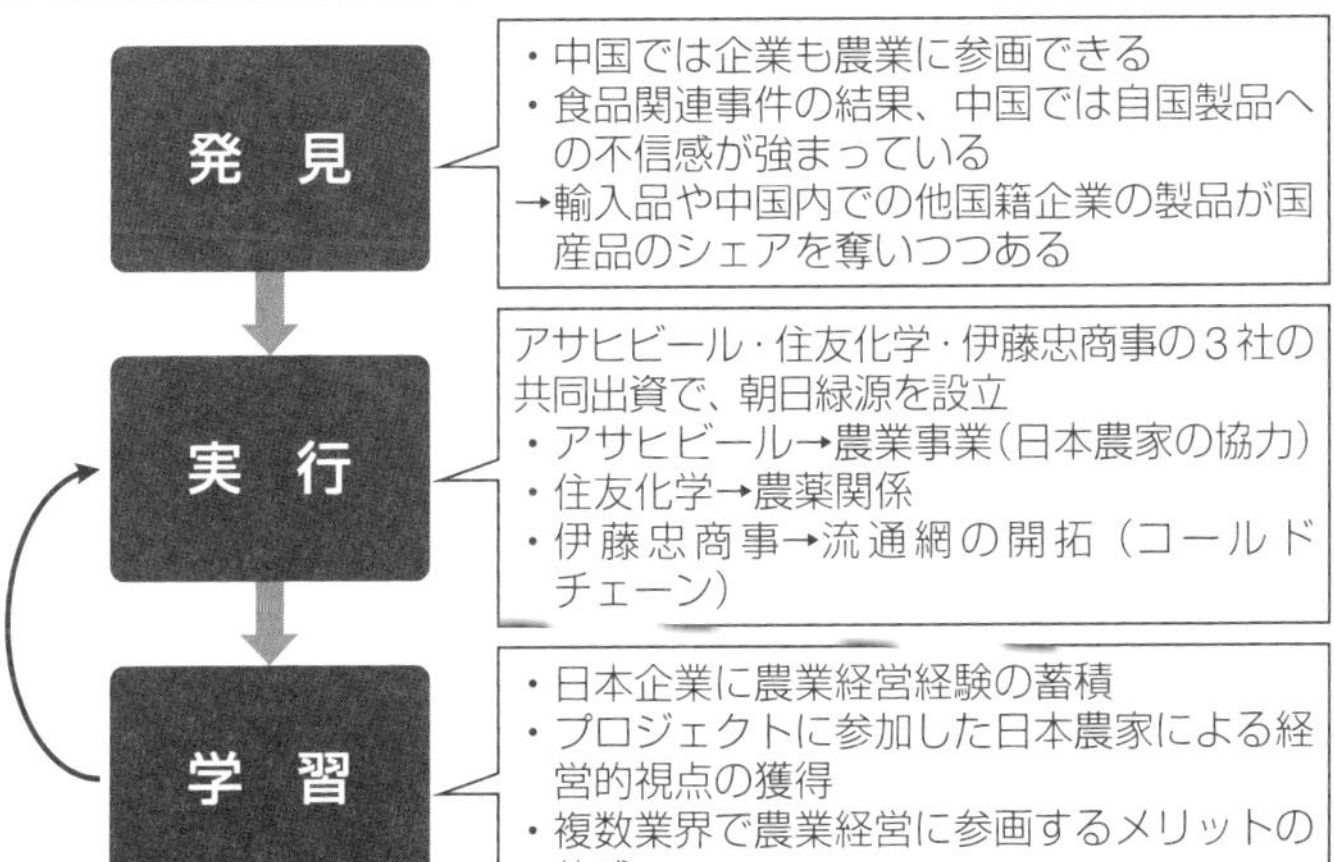

出所：筆者作成

②アサヒビールの「実行」

アサヒビールは、山東省での農業経営に乗り出す際、住友化学・伊藤忠商事と連携して合弁会社を設立した。ただし、事業主であるアサヒビールには農業経営経験がないため、実際に農業を行うに当たり、日本農家複数名がアドバイザーの形で協力している。このプロジェクトでは約１００haの農地の80％をスイートコーンやミニトマトなどの野菜と苺の栽培に、残り20％を酪農事業に使用している。野菜栽培では、日本品種を中心に露地栽培と温室栽培を組み合わせ、伊藤忠商事の協力の下で構築した低温物流システムによって各都市に流通・販売を行っている。苺も温室栽培を行い、野菜と同様に出荷を行っている。さらに、酪農事業ではＩＴを活用し個体管理、搾乳量の管理・予測、成分分析、繁殖管理、健康管理を行っている。生産した牛乳は、中国の一般市場価格の３～４倍の価格になっているにも関わらず、完売が続いており、中国市場のハイエンド層から高い評価を得ている。このように、アサヒビールは各分野の事業主体と連携しながら、日本独自の農業技術やノウハウを中国市場で活用したといえるだろう。

一連の事業を通じて、農家にとっては、自国で実行が難しい大規模農業に取り組むことができる、民間企業と農業を行うことで経営的視点がいかなるものかを学習できる、という２つのメリットが存在していたと考えられる。さらに、水不足や堅い土壌など日本よりも厳しい環境にある中国での農業を経験することで、日本がいかに恵まれた環境下にあるのかを体感したという農家の発言もあった。

③本事業を通じた「学習」

このプロジェクトを通じた「学習」は次の3点に集約されると考えられる。

●企業による農業経営経験の蓄積

アサヒビールは、朝日緑源農業公司を通じて国内での実施は難しい農業経営を経験し、農家との関わり方などのノウハウを蓄積できた。また、アサヒビールだけでなく、伊藤忠商事も低温物流システム構築においても貴重な経験をすることができた。伊藤忠商事は、今後日本が農作物の輸出を行う際の流通インフラ整備に、中国での経験を活かすことを考えているという。

●日本農家の経営的視点の獲得

日本農家が民間企業と共同で中国農業に取り組むことで、事業計画の立て方やブランディングの方法などのノウハウも学習することができたと考えられる。今後、中国という新興国市場で蓄積したこれらのノウハウを日本国内で実践できる可能性は十分にある。

●複数業界で農業経営に参画することのメリットの体感

農業の専門家である農家と飲料メーカーであるアサヒビール、農薬関連の技術をもった住友化学と物流構築のノウハウをもった伊藤忠商事が実際に共同で事業を実施したことで、それぞれの技術やノウハウが上手くかみ合い、相互補完的に事業を進めることができた。これは、複数業界が農業経営に参画することのメリットであるといえる。

4 新興国発の食品で国内市場に新たなブームを

ここまで考察を行ってきた医療と農業は、いずれも数多くの岩盤規制が存在している産業であった。つまり、これら2つの産業は規制市場としての側面が強かったといえるだろう。一方、次に考察の対象とする食品製造業は、規制市場というよりも、むしろ成熟市場としての側面が強い。なぜなら、食品製造業の市場においては、人口減少で需要全体が落ち込む中、数多くの企業の製品が乱立し、減りゆく需要の取り合いが行われているからである。そこで、ここでは成熟市場となった食品製造業に焦点を当て、新興国で古くから親しまれている現地の商品を用いることで、国内の食品市場の新たな需要創造の可能性を提示する。

縮小する日本の胃袋と拡大し続ける世界の胃袋

日本の食品製造業にとって、最も悩ましい問題が国内の人口減少である。２０１４年５月に１億２７０９万人いる日本の人口は、２０２６年に人口１億２０００万人を下回りさらに減少を続け、２０４８年には1億人を割って９９１３万人となることが予測されている（内閣府　２０１２）。こうした人口減少は、日本の食品需要の減少に直結すると考えられる。その上、各企業が提供する製品間で大きな違いがなくなってきており、製品の差別化が困難になってきている。そのため、需要全体が減少していく中で、その需要を上手く自社に取り込むことも困難になってきているといえるだろう。

日本で食品需要が減少していく一方で、世界全体では、今後も人口増加に伴って食品需要は伸びていくことが予想される。国連が２０１３年に発表した世界人口予測報告書によると、現在約72億人いる世界人口は、今後12年間でさらに10億人増加し、２０５０年には96億人に達すると予想されている。一連の人口増加は主に新興国を中心に進み、その大半がアフリカとアジアである。そのため、今後日本の食品製造業は、海外市場、特に新興国に成長の芽を求めると良いであろう。

ただし、それは単に新興国で事業展開を行うという意味ではない。むしろ、進出先の新興国で得られたノウハウやアイデアを日本に持ち帰り、それを国内で応用して新たな食品需要を創造するという、一段踏み込んだ取り組みが必要なのである。実際に、国内の食品製造業者の中には、こうした取り組みを行っている事業者も存在している。ここでは、こうした取り組みを行い、国内の新たな需要創造に成功した日本コカコーラの事例を見ていく。

新興国発の飲料の大ヒットの事例―太陽のマテ茶を例に―

日本コカコーラが2014年4月に発売した「太陽のマテ茶」は、元々はブラジルやアルゼンチンなどの南米で伝統的に愛飲されているマテ茶を基にして作られたものである。日本コカコーラは新興国発の飲料を日本に持ち帰り、その飲料を日本人の口に合うように作り変えることによって、国内市場での大ヒットに繋げた。このように、日本コカコーラの一連の取り組みは、新興国イノベーションの応用に近いといえるだろう。そこで、ここから新興国イノベーションの3段階モデルを用いて、この事例を詳しく分析していく（**図表5－7**）。

図表5-7　日本コカコーラの例に関する3段階モデル

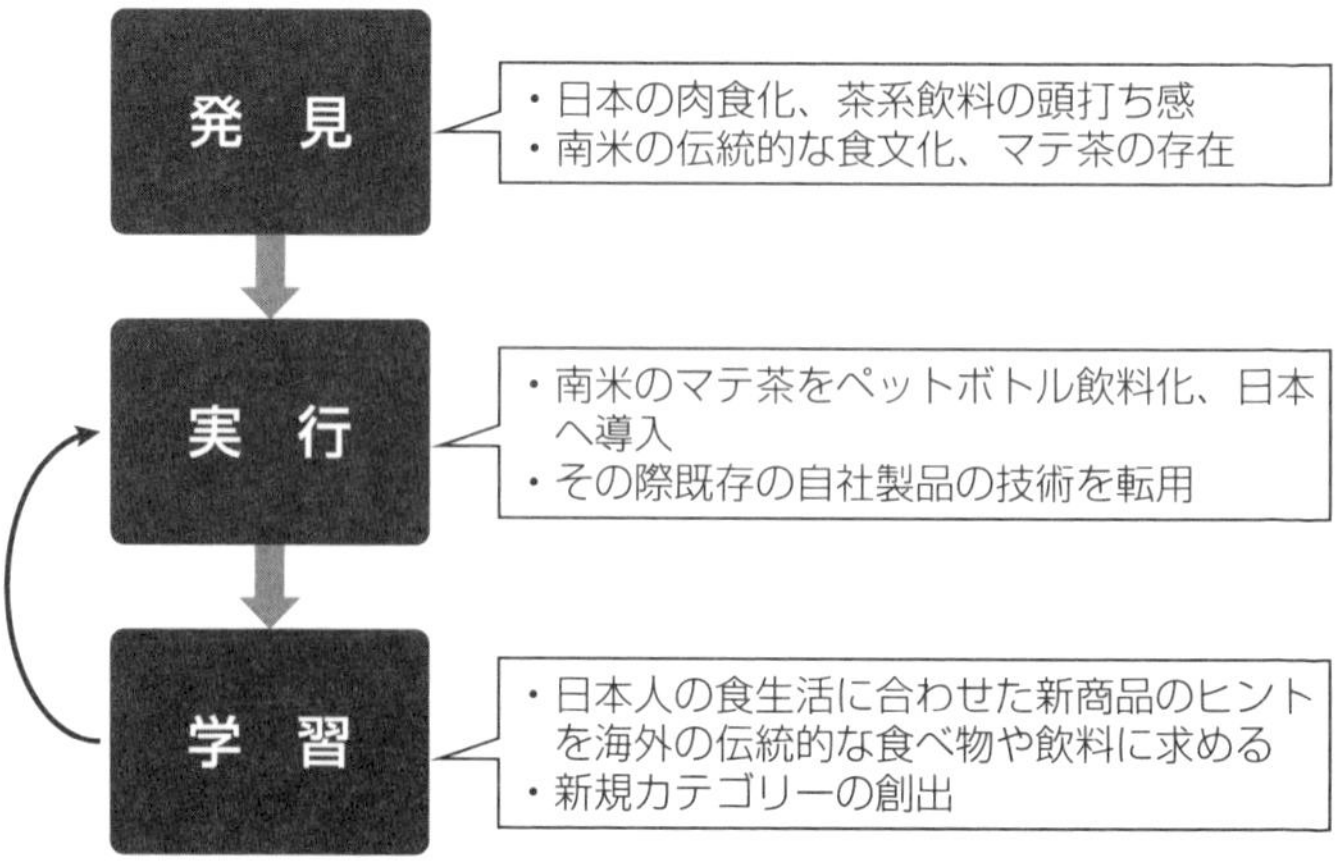

出所：筆者作成

①日本コカコーラの「発見」

日本コカコーラは、国内市場の茶系飲料の成長が、同様の商品の乱立やミネラルウォーターの需要拡大に押され鈍化していることに危機感を覚えた。同一カテゴリーの商品の中で差別化するのが難しい飲料商品で、従来の商品でヒットを出すのは難しいと考えた同社は、新規カテゴリーの茶系飲料を開発することを決定した。その際に、彼らが特に着目した点が日本人の食生活の変化だ。昨今の日本人は以前より肉を食べるようになったものの、依然として健康志向である。日本コカコーラの開発チームは、そのギャップをうめる飲料のヒントを世界中で探した。

そうした状況下で、彼らが発見したものがマテ茶である。前述のように、マテ茶は南米を中心に飲まれており、ビタミンやミネラルの含有量が極めて高く「飲むサラダ」ともいわれている。その他にもカルシウム、マグネシウム、亜鉛、鉄分、食物繊維を豊富に含むマテ茶は、南米特有の肉料理中心の食生活で、慢性的な野菜不足を補って余りあるバランスの良い健康効果を長年の実績で証明している。したがって、肉料理中心になりがちな昨今の日本人の食生活を補完するものとして、マテ茶の存在は大きかった。

②コカコーラによる「実行」

日本コカコーラはマテ茶を日本に導入するに当たって、いくつかの自社技術をこの商品に適用した。その1つが、商品となる液体をペットボトルに入れたことだ。そもそも南米で飲まれている「マテ茶」は、専用の茶器やティーポットに茶葉を入れて飲むのが伝統である。イメージとしては日本の緑茶を急須などで淹れることと似ている。

南米のマテ茶の伝統的な飲み方は**図表5-8**のような「グアンパ」という容器と「ボンビージャ」というストローを用いて飲む。日本コカコーラは、この飲み方をそのまま日本に導入するのではなくペットボトル飲料に形を変えて販売した。さらにその際、大ヒットした同社のブレンド茶「爽健美茶」の茶葉の刻み方や二度焙煎して香りを引き出す技術など、自社のペットボトル飲料の開発ノウハウを応用したのである。

図表5-8
伝統的なマテ茶の道具

出所：筆者撮影

③日本コカコーラの「学習」

一連の商品開発のプロセスの中で、日本コカコーラは日本人の食生活の変化に適応する新商品のヒントを海外から得て、日本にそれまでなかった「緑茶でもなく烏龍茶でもなくブレンド茶でもないお茶」である「マテ茶」というカテゴリーの商品を創出することに成功した。その結果、太陽のマテ茶は、年間500万本を売り上げればヒットといわれる飲料業界において、発売後2ヵ月で4000万本を超える販売を記録した。また、日本だけでなく、韓国コカコーラも日本コカコーラのマテ茶の原液を活用した商品を販売し人気を呼んでいる。

このように、日本コカコーラは現代の日本人のライフスタイルに適応する新種のお茶として、緑茶・烏龍茶・ブレンド茶などが占めている無糖茶市場の中に新カテゴリーを創造した。今後、マテ茶カテゴリーが確立されていけば、「マテ茶＝太陽のマテ茶」と認識され、日本コカコーラは先発優位を得られるだろう。

全く違う食文化にこそ製品開発のヒントがある

太陽のマテ茶の事例は、従来日本になかった食文化を輸入して成功したといっても過言ではない。さらに、輸入する際に企業が独自に変化を加え、輸入するだけでなく、他国に再輸出していることも重要だ。それによって、国内の市場創造だけでなく、海外での市場拡大を図っているといえるだろう。

ただし、食品メーカーがこのビジネスモデルを採用する際には、国内の人にとって未知なものを導入してくることになるため、初めにその商品がもつ価値の認知を図る必要がある。この点に関しては、太陽のマテ茶がブラジルワールドカップの前後にしきりにＣＭを流して話題性を高めたことが認知を広める要因になったと考えられる。

いずれにせよ、太陽のマテ茶は成熟化する自国市場で売上を伸ばすために企業が新興国から新しい商品を持ち込み、日本人に合わせて形を変えた後に販売してヒットした例である。こうした商品開発プロセスは、飲料だけでなく食品業界全体で同様の動きを起こすことができるはずである。なぜなら、世界にはいまだに日本人が認識していない食文化があり、それがリバースイノベーションの種となって存在しているはずだからだ。今後、日本の食品メーカーは外国の土着の文化や食生活にアンテナを張り巡らせ、日本に導入可能なアイデアや商品を探し求める動きを強めていくべきではないだろうか。

5 日本の空港が真の国際競争力を得るためには

最後の事例は空港ビジネスである。近年、航空の自由化が世界的に進み、路線拡大に向けて各国の航空会社や空港がしのぎを削っている。航空自由化の動きによって、航空会社が各空港の発着枠や路線、便数などを決めることができるようになり、利便性が一段と向上した。日本も世界の潮流に乗るために各国と航空自由化の協定を結んでおり、成長戦略の一環としてアジアへのゲートウェイ機能を果たそうとしている。今後、国内の航空需要が減少する可能性が高い中で、日本の航空会社および空港運営会社は、外国人のトランジットや観光需要を取り込んでいく必要があるといえる。そこで、本節では航空分野において、特に路線を呼び込む側の空港に焦点を置きながら、新興国をはじめとした外国の空港ビジネスと日本のそれとを比較をする。

空港ビジネスとは？

そもそも空港ビジネスとは、空港を主に運営する空港オペレーターとそれをサポートする事業会社からなる企業体が空港の利益を戦略的に追求するものである。日本においても、建設会社や商社などが、成田国際空港などの空港オペレーターと1つのチームになって空港の経営を進める事例は多い。一般的に日本の空港は、空港整備においては一定の評価を得ているものの、空港運営に関しては海外の主要空港、特にアジアの主要空港に比べ見劣りする部分が多い。今後、アジアでは航空自由化やLCCの台頭に加え、所得の増加によって航空需要が急激に増加すると予想されており、路線を拡大するための空港建設、空港運営需要が高まっている。日本はまさにこれらの需要を取り込み、空港運営に積極的に乗り出していく必要があるものの、いまだ目立った業績を残せていない。

それに対して、誕生して間もないアジア主要空港の中には数々の海外空港において運営実績を残しているところもある。そのため、日本が国内空港の効率的運営や、アジア市場での航空競争に勝利するためには、外から学ぶ、あるいは外に向けて経験を積みに行く姿勢がこれまでよりも重要になってくると考えられる。つまり、「アジア新興国の空港建設や運営に携わり、実績を残し、蓄積された経験やノウハウの横展開をする」という新興国イノベーション活用における3段階モデルが日本には必要とされているのだ。

自空港運営の現状

前述のように、空港運営においては、「自国内の空港運営」と「海外にある空港の運営」の2つがある。本項では、まずは前者の現状について、日本とアジア新興国の比較を行う。その上で、日本の空港が学ぶべき点について考察を行っていく。

①日本の自空港運営

現在、日本には98の空港が存在しており、国土交通省の「平成24年度国管理空港の空港別収支」によれば、その内の9割以上が国や地方の管理下にある。これらの空港のほとんどが運営に苦しんでいるのが実情であり、収支報告を行っている国が管理する27の空港のうち、営業損益において黒字を計上しているのは新千歳空港、広島空港をはじめとする7空港のみであり、収支報告を行っていない空港についてはそのほとんどが赤字である。経営効率が悪い地方空港が多い中、これらの空港をどのように管理・運営していくかは国の重要政策課題となっている。

その上、黒字を計上する成田空港や関西国際空港なども別の問題を抱えている。それは、着陸料の高さである。着陸料は就航している航空会社が空港に対して支払うものであり、日本の空港の着陸料は世界各地の空港と比べてもその高さが際立つ（**図表5－9**）。

着陸料は直接乗客の負担になるわけではないものの、航空会社にとっては経費を意味する。それゆえ、着陸料の高さは経営を圧迫する要因の1つであるといえるだろう。その上、海外の航空会社は、高い着陸料を敬遠して、日本の空港への就航をためらってしまう傾向がある。こうした着陸料の高さが路線引き込みの際の障壁となり、新規就航路線の数が少なく、それが空港利用者の増加を抑える原因となっているのだ。それどころか、周辺のライバル空港が世界のハブ空港として機能を充実させ、トランジットを含めた利用者数を増やす動きを強めているため、今後は日本の空港の利用者が減る可能性も十分にある。

図表 5-9　世界主要空港の国際線着陸料（2007 年）

※（　）内の数字は成田を 100 としたときの指数

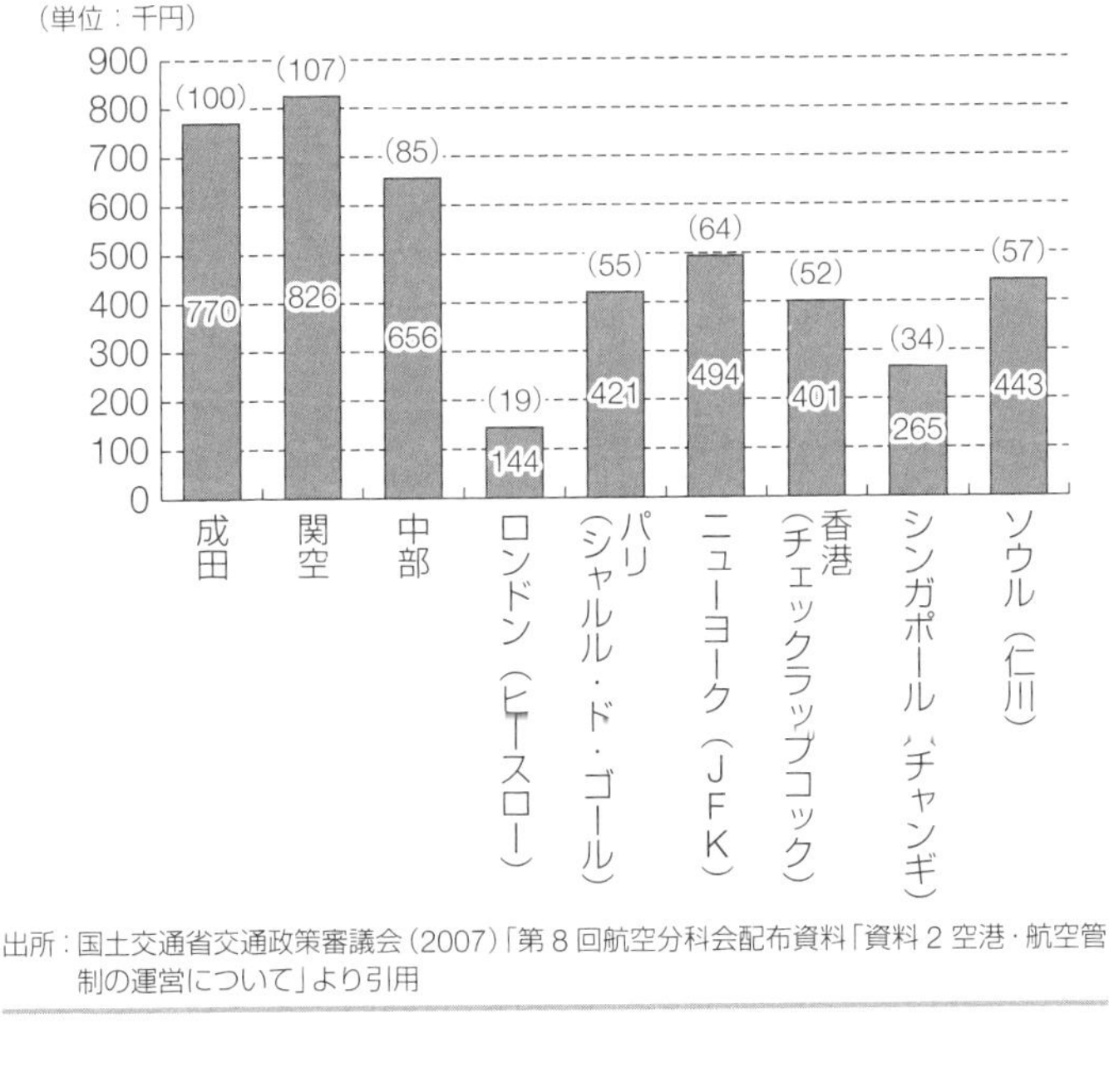

出所：国土交通省交通政策審議会（2007）「第 8 回航空分科会配布資料「資料 2 空港・航空管制の運営について」より引用

②世界の自空港運営

日本が自空港運営で苦しむ中、世界各地ではどのような形で自空港経営が行われているのだろうか。世界の主要空港の運営の特徴としては、その多くが民営化されているという点である。一口に民営化といっても様々な形態があるが、国が70~100%出資しながら運営を空港オペレーターに任せる形式をとることが多い。例えば、仁川、香港、チャンギ、シャルル・ド・ゴール、フランクフルトなど、アジア・欧州の各国際空港がこの形式で運営を行っている。また、日本においても、成田・中部・関西の各国際空港はこの形式で運営が行われている。

まず、世界の主要空港は、日本の空港と比較すると非航空系収入が非常に充実している。一般的に、空港オペレーターの収入は、航空系収入と非航空系収入とに分類される。航空系収入は着陸料、施設使用料などの空港使用料、駐機料、旅客貨物ハンドリング料であり、非航空系収入は店舗営業権料、直営店舗販売収入、賃貸料などである。通常、航空系収入は総収入の半分強を閉める場合が多いものの、航空系収入による利益は政府当局の規制の対象となることが多いため、成長を志向する空港オペレーターは非航空系収入の充実を図る。例えば、フランスのFraport社は基幹空港であるシャルル・ド・ゴール空港の航空系収入が総収入の3分の1(32%)であり、同基幹空港の商業・不動産収入、グランドハンドリング(航空輸送における空港地上支援業務:貨物積み込み、トーイング(機体けん引)、燃料給油、機体汚水処理)収入、国外空港からの収入、の3事業で全体の60%の収入を確保している。

アジアの主要空港に関しても、同様の傾向が見られる。例えば、韓国の仁川国際空港やシンガポールのチャンギ国際空港などは、非航空系収入が6割を超えており、この収入を基にして着陸料などを低く抑えている。そのため、着陸料の低さが多くの航空会社を惹き付け、それがハブ空港としての価値の高まりに繋がるという好循環を生んでいる。これらアジア主要空港が非航空系収入を増加させるために注力していることとして、ターミナルビルの娯楽施設化が挙げられる。例えば、仁川国際空港はターミナルビル内に映画館、スケートリンク（有料）、カジノ、ゴルフ場などを用意しており、乗り継ぎ時の退屈さを凌げる経由地としての魅力を高めている。実際に、海外の渡航客から選ばれる回数が増えるだけでなく、渡航予定がなくともこれらの施設の利用自体が目的になることもある。

国外空港運営の現状

次に、「海外にある空港の運営」、すなわち国外空港の運営について見ていく。近年、自空港の収益基盤の拡大・安定のために国外空港を運営するという海外事業をポートフォリオに組み込む流れが世界的に起きている。しかし、日本はこうした国外空港運営に関して、自空港運営以上に世界に遅れをとっている。そこで、ここからは日本の空港オペレーターと世界の空港オペレーターとの間の決定的な違いについて述べ、その現状を把握する。

①世界の海外空港運営の実態

元々、海外空港の運営にいち早く着手したのは欧州の主要空港オペレーターである。その後、アジアの主要空港オペレーターも続々と海外市場に手を付け始めた。海外空港の運営については、様々な形があり、それぞれの空港の運営能力に応じた運営方式がとられている。例えば、ある程度運営能力がある空港に対しては、協力覚書の締結や、合弁会社の設立などが行われることが多く、新興の空港に対してはコンサルタントとして人材の派遣・研修を実施したり、あるいは期限付きで運営管理を担ったりすることが多い。ここでは、ハブ空港戦略などにおいて直接の競争相手になるアジアの空港に焦点を当て、彼らの海外空港運営の現状を見てみる（**図表5-10**）。

例えば、アジア最大級のハブ空港のチャンギ国際空港は、チャンギエアポートグループというグループ会社が海外空港の運営・管理を担っている。中国の空港に対しては、重慶空港グループとの間で協力覚書を、北京首都国際空港との間では「姉妹空港」を締結し、情報やノウハウの共有、ルート開発やターミナル管理に関する共同事業などを行っている。また、ベトナムやブルネイなど新興の空港に対しては、コンサルティング契約や技術支援という形で空港運営のサポーティングを行っている。前述の仁川国際空港も、タイ・中国・アンゴラでの空港コンサルティング業務などを政府と連携しながら進めている。このように、アジアの各主要空港は海外空港の運営に積極的に取り組んでいる。

図表5-10　主な海外企業の自国外進出状況

	企業名	進出地域						
		欧州	北米	中南米	オセアニア	アジア	中東・アラブ	アフリカ
欧州企業	フラポート (Fraport) (ドイツ)	トルコ ブルガリア ロシア		ペルー		中国 フィリピン インド	サウジアラビア エジプト	セネガル
欧州企業	ADP (Aeroports de Paris) (フランス)	ベルギー		メキシコ		中国 カンボジア カザフスタン パキスタン	UAE ヨルダン サウジアラビア エジプト他	マダガスカル カメルーン アルジェリア リビア他
欧州企業	ホフティフ (Hochtief) (ドイツ)	アイルランド アルバニア ギリシャ ハンガリー			オーストラリア	中国		
アジア企業	チャンギ空港インターナショナル (シンガポール)	ロシア				中国 インド ベトナム	UAE ヨルダン サウジアラビア	
アジア企業	香港空港公社 (中国)					中国		
アジア企業	仁川国際空港公社 (韓国)	ロシア				中国	イラク	
アジア企業	マレーシア空港公社 (MAHB) (マレーシア)					インド カンボジア		

注：UAE：アラブ首長国連邦
出所：各種公開情報より作成、益田・村岡・小林（2010）「空港ビジネス海外展開における日本の戦略のあり方」より抜粋

②日本の海外空港運営の実態

世界的には海外空港運営の事例が増加している中で、日本ではいまだ運営実績がほとんどない。国土交通省によれば、日本企業による海外空港運営事例はラオスのワッタイ国際空港のみである。この運営に携わっているのは、豊田通商とJALUXであり、空港オペレーターは関わっていない。

このように、日本では国外の空港支援の事業化の動きが乏しく、仮に実施されたとしてもコンサルティング業務や研修が各国で行われる程度であり、運営にまで至らないことが多い。ただし、近年は徐々に海外空港の運営の機運が高まってきている。**図表5-11**のように、現在日

図表 5-11　アジアの主な空港プロジェクト

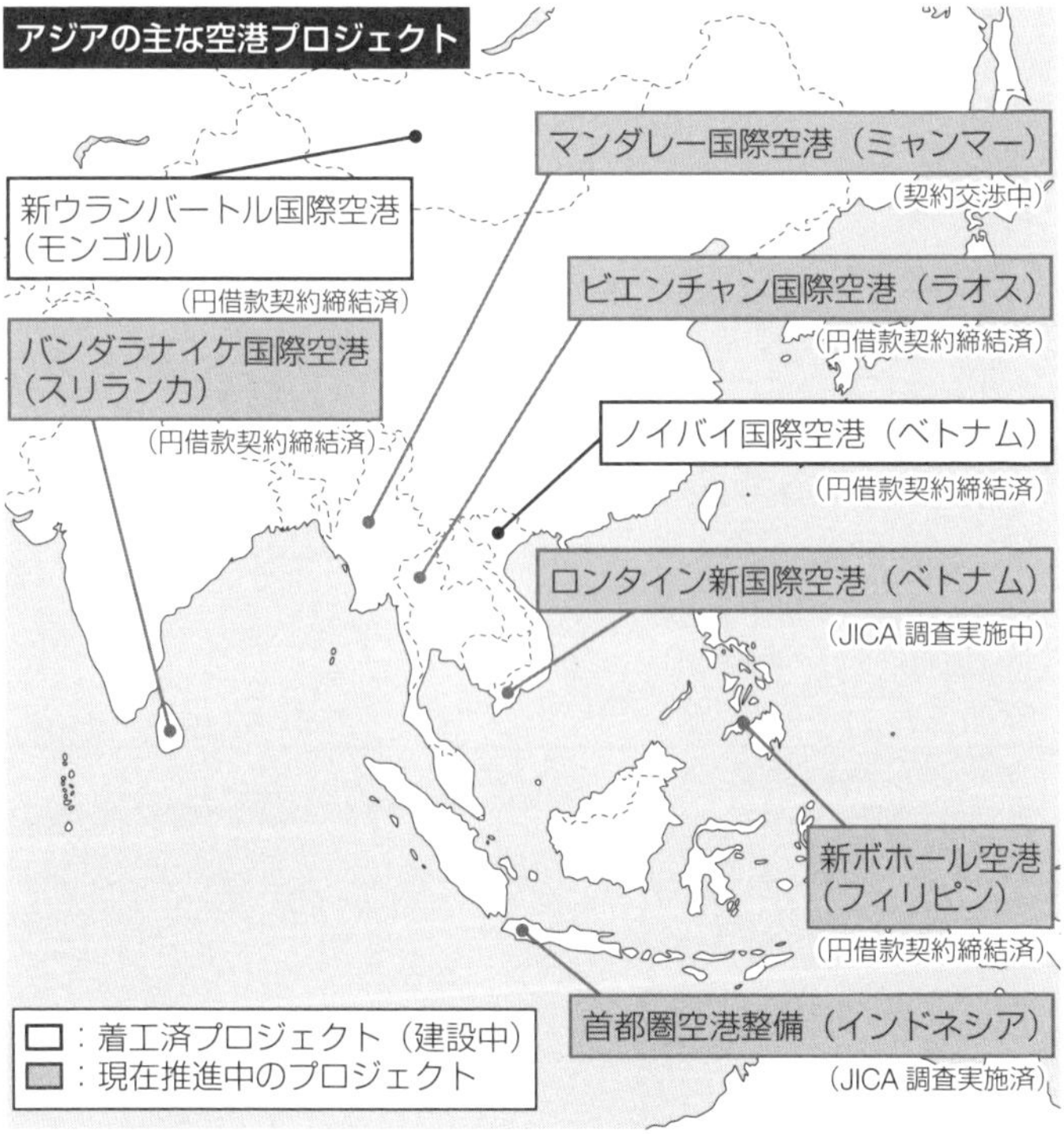

出所：国土交通省（2013）「航空分野におけるインフラ国際展開の現状と課題」より抜粋

本政府や日系企業が海外空港運営プロジェクトを推進するようになってきている。この中で、運営化にまで至る案件が出てくるには時間がかかるかもしれないが、企業や政府にとっては多くのチャンスが存在しているといえるだろう。

日本の空港が学ぶべきこととは？

ここまで、国内空港の経営と国外空港の運営の違いについて日本と世界を比較してきた。これらの事例からも分かるように、日本の空港は運営それ自体の質、および国外空港における運営実績において海外に引けをとっている。したがって、日本は自国の空港ビジネスに活用できそうな点を、世界の空港の運営の実態から学びとる必要がある。この段階は、新興国イノベーション活用における3段階モデルの「発見」段階に当たる。以上より、空港ビジネスにおける日本の空港オペレーターおよび関連事業者にとっての「発見」は以下の2点である。

①自空港運営においては、内部収支のバランスの重きを航空系収入から非航空系収入へとシフトすることが重要である。それを達成するための工夫の1つとして、サービス水準の見直しが挙げられる。

②日本の国外空港運営は、海外の主要空港に比べて圧倒的に運営実績が少なく、案件化のインセンティブが弱い。海外では、外部空港の運営による収支を自空港の航空系収入の補てんに回している主要空港が多く、日本の空港ビジネスに活かせる部分も多い。

競争力のある空港にするために何をすべきか

前述の発見段階の事項を活用して国際競争力をもつ空港を実現していくためには、空港関連事業に精通した企業を国内に充実させることが必要となる。より具体的には、実行の段階では、「既存の国外空港事業案件の強化」と「自空港および国内空港の経営改善および民営化」の2つが実行されるべきである。それぞれの内容について、詳しく見ていこう。

①既存の国外空港事業案件の強化―ラオスのビエンチャン国際空港の運営の事例―

日本の海外空港の運営経験不足は前述した通りである。そのため、日本の空港オペレーターや空港関連事業者は、今目の前にある国外空港の事業案件の成立・事業化に注力し、運営実績を積んでいく必要があるだろう。

実際に、日本企業が国外空港の事業案件に携わる事例は徐々に増えてきている。例えば、2011年8月にミャンマー政府が同国内の3空港、ヤンゴン国際空港、マンダレー国際空港、ハンタワディ国際空港の新設および拡張工事の発注先を決めるために実施した国際入札では、日本勢が主導権を握ることになった。この国際入札では、三菱商事、日本航空系のJALUXの企業連合がマンダレー国際空港の改修・運営事業を獲得し、日揮とシンガポールの建設大手ヨンナム、チャンギ空港の子会社から構成されるコンソーシアムが紆余曲折を経て、ハンタワディ国際空港の建設・運営事業の優先交渉権を獲得した。その後、JALUXはラオスのビエンチャン国際空港の運営事業にも携わるようになった。

今後、日本の空港が国外空港の運営の経験を積んでいく上で参考となる事例が、ラオスのビエンチャン国際空港である。この空港の運営は、日本が携わった唯一の国外空港の運営実績である。

ビエンチャン国際空港は1962年に開港されたラオス唯一の国際空港である。歴史上フランス領であったこともあり、同国の援助を経て滑走路やターミナルビルの整備が行われてきた。その後、1972年に日本も援助に参加したものの、その後ラオスは社会主義化し、鎖国状態となってしまったことで財政難に陥り、空港施設は十分な維持管理がなされずに老朽化の一途を辿った。1986年にラオスが経済開放路線を導入したのに合わせて、日本国政府はビエンチャン国際空港の全面的な改修計画のうち、国際線ターミナルビルの新築、管制施設の新築などに44億7000万円の無償資金援助を決定した。

ビエンチャン国際空港のプロジェクトにおいては、政府によるODAや人材派遣に加え、民間企業からも専門家が派遣され、空港の整備・運営に積極的に関与した。やがてJICAを中心として無償資金協力「ビエンチャン国際空港改修計画」が立ち上がり、1999年4月に豊田通商とJALUXがラオス空港公団とともに、国際線ターミナル運営会社Lao—Japan Airline Terminal Services Co., Ltd（L—JATS）をラオス空港公団とともに設立した。L—JATSが設立されてから今日まで15年間、彼らが同空港の国際線ターミナルの運営に一貫して携わっている。

②自空港および国内空港の経営改善および効率化

今後、日本は国外空港の運営実績を積んでいくだけでなく、海外の空港の運営実態を見定めて、自国の空港の経営改善に取り組んでいく必要もある。

国が管理する地方空港は民営化の動きが必要である。民間が管理する非航空系収入と国が管理をする航空系収入とがリンクしないため、肝心の路線誘致や、それに伴うトランジット客の増加などの効果は期待できない。そこで、空港運営を民営化し、航空系収入と非航空系収入が分断されている状態から、それらを一括で管理できるようにすることが必要である。

空港の競争力向上のヒントとは

国内の空港整備や運営に規制がある中で、空港や空港以外の事業者が運営ノウハウを獲得できる機会は、国内空港の払い下げが実施されない限り外国にしかない。外国の中でも、現在成長著しいアジアがその舞台となっており、民間事業者にとっては国外空港の運営に携わる機会が増えてきている。今後、日本の空港の競争力を向上させていくためには、各空港を魅力ある拠点にしていくことが必要であり、それを可能とするための経験を国外で積むことが必要なのである。民間事業体がこうした動きを強め、様々な事業体が国外空港の運営に携わるようになれば、国内に空港関連事業者が増え、それが競争力を有する空港の増加に繋がるだろう。

6 新興国から学びとる姿勢の重要性

ここまで4つの業界における新興国発のイノベーションに深く関係する事例について紹介してきた。いずれの業界も、国内だけで競争力を向上させることが難しい規制市場や成熟市場ではあるため、市場のさらなる発展を目指すために新興国からヒントを得ることが重要であると述べてきた。冒頭で言及した新興国発のイノベーションを活用する3つの効用は以下の通りであった。

①海外市場で経験を蓄積することで、自国の規制が緩和された際、その経験を基にして円滑に自国市場で事業展開できる。

②自国の現状の規制下でも、事業展開できるアイデアを得られる可能性がある。

③国内には存在しなかったアイデアを海外から獲得し、国内で新市場を創ることができる。

規制・成熟市場のような、企業にとって将来性が低く思われがちな業界に対しても、新興国で育まれる新しいビジネスモデルや商品を先進国へ転用することで、新たな活路を見出すことができる可能性は十分にあることが分かった。その際に、新興国イノベーション活用における3段階モデルに自身の業界を当てはめて、その業界の中でいかに事業を展開していくかを思考することが重要である。

参考文献

アサヒビール株式会社ホームページ ２００６年ニューリリース「中国の食生活向上に貢献する新たな農業経営モデルを提案する『山東朝日緑源農業高新技術有限公司』を設立 ～安全・安心で美味しい付加価値の高い農作物の生産・出荷を開始～」(http://www.asahibeer.co.jp/news/2006/0824.html)（２０１６年８月25日閲覧）。

石川武彦（２００９）「日本企業が中国山東省で展開する農業事業～朝日緑源農業公司及び朝日緑源乳業公司を訪ねて～」農林水産委員会調査、参議院ホームページ（http://www.sangiin.go.jp/japanese/annai/chousa/rippou_chousa/backnumber/2009pdf/20091201058.pdf）（２０１６年８月25日閲覧）。

石塚芳子（２０１４）「シンガポールにおける観光立国への取り組みと空港の国際競争力強化」『日本国際観光学会論文集』21号、日本国際観光学会ホームページ（http://www.jafit.jp/thesis/pdf/14_23.pdf）（２０１６年８月25日閲覧）。

一瀬裕一郎（２０１３）「オランダの農業と農産物貿易―強い輸出競争力の背景と日本への示唆―」農林中金総合研究所ホームページ（www.nochuri.co.jp/report/pdf/n1307re1.pdf）（２０１６年８月25日閲覧）。

一瀬裕一郎（２０１３）「農林水産省 平成24年度 海外農業情報調査分析事業（欧州）報告書 第Ⅲ部 オランダ農業が有する競争力とその背景」農林水産省ホームページ（http://www.maff.go.jp/j/kokusai/kokusei/kaigai_nogyo/k_syokuryo/pdf/eu_netherlands.pdf）（２０１６年８月25日閲覧）。

仁川国際空港ホームページ（２０１４年10月12日閲覧）（http://www.airport.kr/pa/ja/a/index.jsp）（２０１６年８月25日閲覧）。

小熊仁（２０１１）「EUにおける空港間競争とグローバル・オペレーターによる海外事業展開」『公益事業研究』第63巻第２号。

国土交通省（２０１３）「航空分野におけるインフラ国際展開の現状と課題」４月25日、国土交通省ホームページ（https://www.mlit.go.jp/common/000996750.pdf）（２０１６年８月25日閲覧）。

国土交通省（２０１４）「空港別収支の試算結果について《平成24年度》」平成26年７月18日、国土交通省ホームページ（http://www.mlit.go.jp/common/001048086.pdf）（２０１６年８月25日閲覧）。

国土交通省交通政策審議会（２００７）「第８回航空分科会配布資料「資料２ 空港・航空管制の運営について」４月26日（http://www.mlit.go.jp/singikai/koutusin/koku/07_8/02.pdf）（２０１６年９月12日閲覧）。

シャルル・ド・ゴール空港ホームページ（http://www.parisaeroport.fr/passagers）（２０１６年８月25日閲覧）。

週刊ダイヤモンド（２００８）「特集 エアライン&エアポート世界大激戦！世界の空を制するのはどこだ？」６月28日号。

週刊東洋経済（２０１４）「特集 最強のエアライン５月３日・10日合併号。

徐 航明（２０１４）『リバースイノベーション2.0—世界を牽引する中国企業の「創造力」』ＣＣＣメディアハウス。

スキポール空港ホームページ（http://www.schiphol.nl/index_en.html）（２０１６年８月25日閲覧）。

内閣府（２０１４）「平成26年版 高齢社会白書 1．高齢化の現状と全体像」内閣府ホームページ（http://www8.cao.go.jp/kourei/whitepaper/w-2014/zenbun/26pdf_index.html）（２０１６年８月25日閲覧）。

日本経済新聞電子版（２０１４）「政府、規制緩和で成長促す 戦略特区に６地域」３月29日（http://www.nikkei.com/article/DGXNASFS28062_Y4A320C1MM8000/）（２０１６年８月25日閲覧）。

日本政策投資銀行（２０１２）「ヘルスケア産業の新潮流⑨ 進む医療の国際化（２）～拡大するアジアの医療ツーリズム」日本政策投資銀行ホームページ（http://www.dbj.jp/ja/topics/report/2012/files/0000009864_file2.pdf）

（２０１６年８月25日閲覧）。

日本マテ茶協会ホームページ「マテ茶について」（http://www.matecha-kyokai.jp/study.html#what）（２０１６年８月25日閲覧）。

日本メディカルサービス株式会社ホームページ「提携医療機関・外国人利用者数」（http://www.j-med.co.jp/company/information.html）（２０１６年８月25日閲覧）。

農業協同組合新聞電子版（２０１４）「世界の農業投資額、１０００億ユーロに バイエル」２０１４年９月25日（http://www.jacom.or.jp/agribiz/2014/09/agribiz140925-25422.php）（２０１６年８月25日閲覧）。

農林水産省（２０１０）「農家に関する統計」農林水産省ホームページ（http://www.maff.go.jp/j/tokei/sihyo/data/07.html）（２０１６年８月25日閲覧）。

農林水産省（２０１１）「農林水産統計　２０１０年世界農林業センサス結果の概要（確定値）（平成22年２月１日現在）」農林水産省ホームページ（http://www.maff.go.jp/j/tokei/census/afc/about/pdf/kakutei_zentai.pdf）（２０１６年８月25日閲覧）。

農林水産省（２０１３）「海外農業投資をめぐる状況２０１３年４月版（その５）」。

農林水産省・経済産業省（２００９）「植物工場の事例集」経済産業省ホームページ（http://www.meti.go.jp/policy/local_economy/nipponsaikoh/syokubutsukojo_jireisyu.pdf）（２０１６年８月25日閲覧）。

羽生正宗（２０１１）『医療ツーリズム―アジア諸国の状況と日本への導入可能性―』慶應義塾大学出版会。

ヒースロー空港ホームページ（http://www.heathrowairport.com/）（２０１６年８月25日閲覧）。

ビジャイ・ゴビンダラジャン、クリス・トリンブル（２０１２）『リバース・イノベーション―新興国の名もない企業が世界市場を支配するとき―』ダイヤモンド社。

病院情報局ホームページ「医療法人鉄蕉会　亀田総合病院」（http://hospia.jp/hosinfo/1123910221）（２０１６年８月

25日閲覧）。

フランクフルト空港ホームページ（http://www.frankfurt-airport.de/content/frankfurt_airport/de.html）（２０１６年８月25日閲覧）。

古江奈々美・鷲田祐一（２０１３）「先進国企業によるリバースイノベーションの可能性」『日本マーケティング学会大会紀要集』。

フロスト＆サリバン株式会社ホームページ（http://www.frostjapan.com/）（２０１６年９月12日閲覧）。

ペンギン航空情報部ホームページ「グラフで見る世界の空港の着陸料比較」２０１０年３月18日（http://airline.sky.jp/data/landing_fee1/）（２０１６年８月25日閲覧）。

マイナビ看護学生（http://nurse.mynavi.jp/）（２０１６年９月12日閲覧）。

益田勝也・村岡洋成・小林一幸（２０１０）「空港ビジネスの海外展開における日本の戦略のあり方」株式会社野村総合研究所ホームページ（https://www.nri.com/jp/opinion/chitekishisan/2010/pdf/cs20100705.pdf）（２０１６年８月25日閲覧）。

真野俊樹（２００９）「グローバル化する医療―メディカルツーリズムとは何か―」岩波書店。

三井物産株式会社ホームページ（https://www.mitsui.com/jp/ja/）（２０１６年８月25日閲覧）。

三井物産株式会社ホームページ「何をやっているの？「総合商社」～三井物産の挑戦と創造～」（http://www.mitsui.com/jp/ja/sogoshosha/vol3/page10.html）（２０１６年８月25日閲覧）。

室屋有宏（２０１０）「農地制度改正後の「企業の農業参入」を考える―重要性が一層高まる企業と地域の関係―」『農林金融』６月、農林中金総合研究所ホームページ（www.nochuri.co.jp/report/pdf/n1006re1.pdf）（２０１６年８月25日閲覧）。

苑　鵬（２０１３）「中国農民専業合作社の発展の現状・問題と今後の展望」『農林金融』２月、農林中金総合研究所ホームページ（www.nochuri.co.jp/report/pdf/n1302re3.pdf）（２０１６年８月25日閲覧）。
Bumrungrad International Hospitalホームページ（https://www.bumrungrad.com/japanese）（２０１６年９月12日閲覧）。
Devon M.Herrick（２００７）「Medical Tourism：Global Competition in Health Care」NCPAホームページ（http://www.ncpa.org/pdfs/st304.pdf）（２０１６年８月25日閲覧）。
Find Lawホームページ（http://lawcrawler.findlaw.com/LCsearch.html?entry=agriculture&restrict=pro&start=11）（２０１６年８月25日閲覧）。

おわりに　本書を貫くメッセージ

ＵＸ、コンシューマーインサイト、Ｊａｐａｎブランド、グローバル人材の活用、新興国イノベーション…本書では以上の観点から日本企業が次に学ぶべき事項を見てきた。一見すると、これらの事項は独立したもので、単なるコンセプトの寄せ集めのように見えたかもしれない。しかし、これらの事項が共通して訴えかけていることは「日本企業は従来とは異なった考え方や視点をもつべき時代を迎えている」ということである。

例えば、コンシューマーインサイトであれば、これまではマクロデータだけで把握しがちであった新興国の消費者を、消費行動の背景まで深く把握することを求めている。日本企業は従来型の定量データを主とした消費者理解から脱却し、消費者行動を深く洞察するコンシューマーインサイトを主とした消費者理解に移行すべきであろう。

新興国イノベーションに関しても、新興国のビジネスから積極的に学び、それを国内で活かす姿勢を日本企業に求めている。従来、日本企業にとって新興国事業は「今後、国内事業の成長が鈍化したときのための事業」という視点で捉えられることが多かったと思われる。しかし、新興国に日本国内の産業の成長のヒントがたくさん眠っている今、日本企業は新興国事業を「国内のさらなる成長のヒントを秘めた事業」として捉えていかなくてはならない。このように、本書で提示した一連の事項は、日本企業がこれまで正しいと思ってきた考え方や視点から脱却し、これからの時代に対応していくための新たな考え方や視点をもつべきであることを示している。

「新たな考え方や視点をもつべきである」といわれると、「簡単にできる」と思う方も多いかもしれないが、実はそうともいえない。事実、多くの日本企業はいまだに従来の考え方や視点に囚われたまま、戦略の立案を行ったり、事業展開をしたりする傾向にある。例えば、グローバル人材の活用についても、日本企業は「給与は年功序列」という従来の信念を捨てきれず、優秀なグローバル人材の獲得に踏み切ることができていない。新興国での事業展開に関しても、「新興国は価格を低くしておけば売れる」という旧態依然とした考えをもつ日本企業はまだまだ多い。このような形で従来の考え方や視点に囚われたままであるがゆえに、日本企業は海外市場でなかなか競争力を発揮することができないのではないだろうか。

本書はこうした状態に陥っている日本企業の手助けをするものである。将来、日本企業が本書で示した事項を学び、それを基に戦略立案や事業展開を行っていけば、必ずや世界の競合他社に負けない競争力を再び獲得することができるはずである。

最後に本書の編集に当たっては、同文舘出版株式会社の青柳裕之様をはじめ様々な方の多大な御協力をいただいた。ここに感謝の言葉を申し上げて、締めくくりとする。

２０１６年　　方山大地

【編著者紹介】

鷲田　祐一（わしだ　ゆういち）

一橋大学大学院商学研究科教授
専門はマーケティング、イノベーション研究。

1968年生まれ、福井県出身。1991年一橋大学商学部卒業。同年（株）博報堂に入社し、生活総合研究所、イノベーション・ラボで消費者研究、技術普及研究に従事。

2008年東京大学大学院総合文化研究科博士後期過程を修了（学術博士）。

2011年一橋大学大学院商学研究科准教授。2015年から現職。

ミクロ視点での普及学、グローバルマーケティング、ユーザーイノベーション論、未来洞察手法、デザインとイノベーションの関係などを研究している。

平成22年度経済産業省産業構造審議会臨時委員。

〈主な著書〉
『未来洞察のための思考法－シナリオによる問題解決－』（編著）勁草書房、2016年
『イノベーションの誤解』日本経済新聞出版社、2015年
『日本は次に何を売るか』同文舘出版、2015年
『デザインがイノベーションを伝える ―デザインの力を活かす新しい経営戦略の模索―』有斐閣、2014年　ほか

【一橋大学商学部グローバルマーケティング研究室】

鷲田祐一教授が指導する学部ゼミナールと大学院ゼミナール（総勢約35名）の研究室。毎年、チーム制でいくつかの研究テーマを設定し、教授・大学院生・学部生が合同でアジア各国に取材・調査出張を実施。若く新鮮な視点で日本企業のグローバルマーケティング戦略の研究を重ねている。

平成28年11月25日　初版発行　略称：日本企業は次に

日本企業は次に何を学ぶべきか？

編著者 © 鷲　田　祐　一
発行者　中　島　治　久

発行所　同　文　舘　出　版　株　式　会　社
東京都千代田区神田神保町1-41　〒101-0051
営業（03）3294-1801　編集（03）3294-1803
振替 00100-8-42935　http://www.dobunkan.co.jp

Printed in Japan 2016　DTP：マーリンクレイン
印刷・製本：三美印刷

ISBN978-4-495-64841-1